SORORITY (Hg.)

# »DIE HAT SICH DOCH HOCHGESCHLAFEN!«



GOLDMANN
Lesen erleben

## Buch

»Frauen wollen ja gar nicht in Führungspositionen!«, »Der Pay Gap ist ein Mythos!«, »Qualität statt Quote!«, »Verstehst du keinen Spaß?« – Verschlägt es Ihnen angesichts solcher Sprüche manchmal die Sprache? Schluss damit! »No More Bullshit«, fordert die Sorority und gibt allen, die auf sexistische Stammtischweisheiten und tradierte Vorurteile mit mehr antworten wollen als mit einem Augenrollen, nun ein Buch an die Hand, das einlädt – zum Aufschlagen, Nachschlagen und Zurückschlagen. Mit 18 streitbaren, erhellenden, humorvollen und feministischen Beiträgen von Stefanie Sargnagel, Lady Bitch Ray, Cesy Leonard, Christoph May u.v.m.

## Team

Die Sorority ist ein unabhängiges Netzwerk für Frauen und all jene, die sich als solche begreifen. Die Mitglieder* kommen aus Kunst, Kultur, Wissenschaft, Politik, Technik, Medien oder der Wirtschaft. Sorority imitiert Männerbünde absichtlich ironisch und meint, dass Frauen* lange genug überhört oder stumm gehalten worden sind. Es versteht sich als eine Plattform für alle, die sich mehr feministische Kommunikation rund um Professionelles wünschen. Girls* Only! 2017 wurde die Veranstaltungsreihe »No More Bullshit« ins Leben gerufen, die in unterschiedlichen Eventformaten (Podiumsdiskussionen, Workshops, Impulsvorträgen etc.) Geschlechterklischees mithilfe von Fakten oder ironischen Interventionen dekonstruiert.

SORORITY (Hg.)

# »Die hat sich doch hochgeschlafen!«

Sexistische Sprüche
souverän kontern

GOLDMANN

MIX
Papier aus verantwortungsvollen Quellen
FSC® C083411

Penguin Random House Verlagsgruppe FSC® N001967

Dieses Buch ist auch als E-Book erhältlich.

1. Auflage
Aktualisierte Taschenbuchausgabe Mai 2021

Umschlag: Uno Werbeagentur, München
Redaktion: Sandra Nigischer, Martina Schöggl
Lektorat: Stefanie Jaksch
Layout und Satz: Buch-Werkstatt GmbH, Bad Aibling
Druck und Bindung: CPI books GmbH, Leck
Printed in Germany
CH · Herstellung: IH
ISBN 978-3-442-17874-2
www.goldmann-verlag.de

Besuchen Sie den Goldmann Verlag im Netz

Liberté,
egalité,
smash the patriarché,

mic drop.

# INHALT

DIE GEBRAUCHSANLEITUNG 10

## TEIL I
## BULLSHIT ENTLARVEN

BULLSHIT IDENTIFIZIERT:
WIE UND WANN KONTERN? 16
von Melinda Tamas

BULLSHIT VERSTECKT SICH: WIE ENTLARVEN? 26
von Daniel-Pascal Zorn

BULLSHIT ERHEBT WAHRHEITSANSPRUCH:
WAS IST WAHRHEIT? 36
von Nora Ruck

BULLSHIT MANIPULIERT:
WELCHE ROLLE SPIELT SPRACHE? 44
von Karin Wetschanow

# TEIL II
# BULLSHIT ENTKRÄFTEN

»Der Pay Gap ist ein Mythos!« 54
Bullshit entmythisiert von
**Erza Aruqaj & Katharina Mader**

»Wir haben keine Frau für das
Podium gefunden!« 64
Absage erteilt von **Anne Roth** und **Mandy Schoßig**

»Mittlerweile werden
Männer diskriminiert!« 74
Bullshit disqualifiziert durch **Romeo Bissuti**

»Karrieregeile Rabenmutter!« 82
Bullshit gekontert von **Bettina Zehetner**

»Ich bin für Humanismus,
nicht Feminismus!« 90
Bullshit aufgeklärt von **Laura Wiesböck**

»Das starke Geschlecht« 98
Bullshit geröntgt von **Anne Maria Möller-Leimkühler**

»Sei nicht so sensibel!« 108
Bullshit entgiftet von **Christoph May**

»Alle Türen stehen euch offen – was wollt ihr denn noch?« 118
Bullshit widerlegt von **Fränzi Kühne**, Mitarbeit: **Ana-Marija Cvitic**

»Du bist ja hysterisch!« 128
Diagnose erstellt von Stefanie Sargnagel

»Feminismus ist mir zu extrem!« 132
Bullshit neutralisiert von **Cesy Leonard**

»Frauen wollen ja gar nicht in Führungspositionen!« 142
Bullshit gefeuert von **Tuulia Ortner**

»Qualität statt Quote!« 152
Bullshit zerlegt von **Larissa Lielacher**

»Verstehst du keinen Spaß?« 162
Bullshit belächelt von
**Reyhan Şahin** aka **Lady Bitch Ray**

»Achtung, Bitch fight!« 172
Bullshit zur Hölle geschickt von
**Sandra Nigischer & Martina Schöggl**

# ANHANG

TEAM 182

REGISTER 190

# DIE GEBRAUCHSANLEITUNG

Sexistische Sprüche und Klischees gibt es wie Sand am Meer. Frauen seien zu schwach, zu fordernd, zu laut, zu schüchtern, zu schön, zu hässlich, zu dreist, zu bieder, zu viel oder zu wenig zuhause. Logisch denken wäre nicht ihre Stärke, aber Hausverstand schon maßgeblicher Teil der weiblichen Intuition. Den Job in der Führungsetage hätten sie sich vielfach erschummelt, zu verbissen arbeiten sollten sie dennoch nicht, ein Lächeln würde den meisten Frauen doch viel besser stehen. Achtung: Sarkasmus!

Gerade am Stammtisch, in Online-Foren, beim Familienfest oder am Arbeitsplatz halten sich Argumente, oder vielmehr Pseudo-Weisheiten, die meist jeder wissenschaftlichen Grundlage entbehren, besonders hartnäckig. Viele davon sind sexistisch, rassistisch oder klassifizierend. Sie führen nicht selten zu Sprachlosigkeit. Wo anfangen, wie kontern? Ein simples »Bullshit!« auf Phrasen wie »Der Pay Gap ist ein Mythos!« oder »Qualität statt Quote!« mag der Gesprächskultur nichts Gutes tun. Warum es trotzdem ein Gewinn sein kann, Einspruch zu erheben, dabei locker zu bleiben, sogar nachzuhaken, um schließlich aufzuklären, zeigt unser erster Teil dieses Handbuchs.

## AUFSCHLAGEN, NACHSCHLAGEN, ZURÜCKSCHLAGEN

Konkrete Argumentationshilfen liefern wir im zweiten Teil gleich mit. Dafür haben wir die gängigsten Trash-Floskeln gesammelt und von Expert*innen feinsäuberlich zerlegen lassen. Unsere Werkzeuge: die Wissenschaft, Statistiken und eine gute Portion Humor.

Dieses Buch richtet sich an all jene, die genug von sexistischen Halbwahrheiten haben und ihnen den Kampf ansagen wollen. Für einen möglichst kurzen Prozess, der Zeit und Nerven schont, können die Kapitel in beliebiger Reihenfolge gelesen werden – ganz nach Bedarf. In aller Kürze sollen sie Inspiration und Anregung liefern, ohne einen Anspruch auf Vollständigkeit zu stellen. »No More Bullshit!« ist ein Handbuch zum Aufschlagen, Nachschlagen – und Zurückschlagen. Verbal, natürlich.

Das Handbuch ist im Zuge unserer Veranstaltungsreihe »No More Bullshit!« entstanden, in der wir hartnäckige Vorurteile rund um Feminismus und Geschlechterrollen gesammelt, hinterfragt und widerlegt haben, um einen neuen Diskurs zu schaffen – für eine Gesellschaft, die Menschen als gleichwertig versteht.

Wir, das ist übrigens das branchenübergreifende Frauennetzwerk Sorority. Seit unserer Gründung 2014 in Wien bieten wir Frauen* eine Plattform zum feministischen Austausch. Wir wollen Autonomie und Solidarität leben und weitertragen. Dazu gehört, Widerrede zu leisten, wenn Menschen aufgrund von Identitätsmerkmalen herabgewürdigt werden. Wir glauben an eine gleichberechtigte Zukunft, die wir nur gemeinsam erreichen können.

In Solidarität,

Erza Aruqaj, Stephanie Bondi, Barbara Hölzl, Vera Mayer,
Sandra Nigischer, Martina Schöggl und Maria Schreiber

stellvertretend für die Sorority –
Verein zur branchenübergreifenden Vernetzung
von Frauen* in Österreich

# TEIL I

# BULLSHIT ENTLARVEN

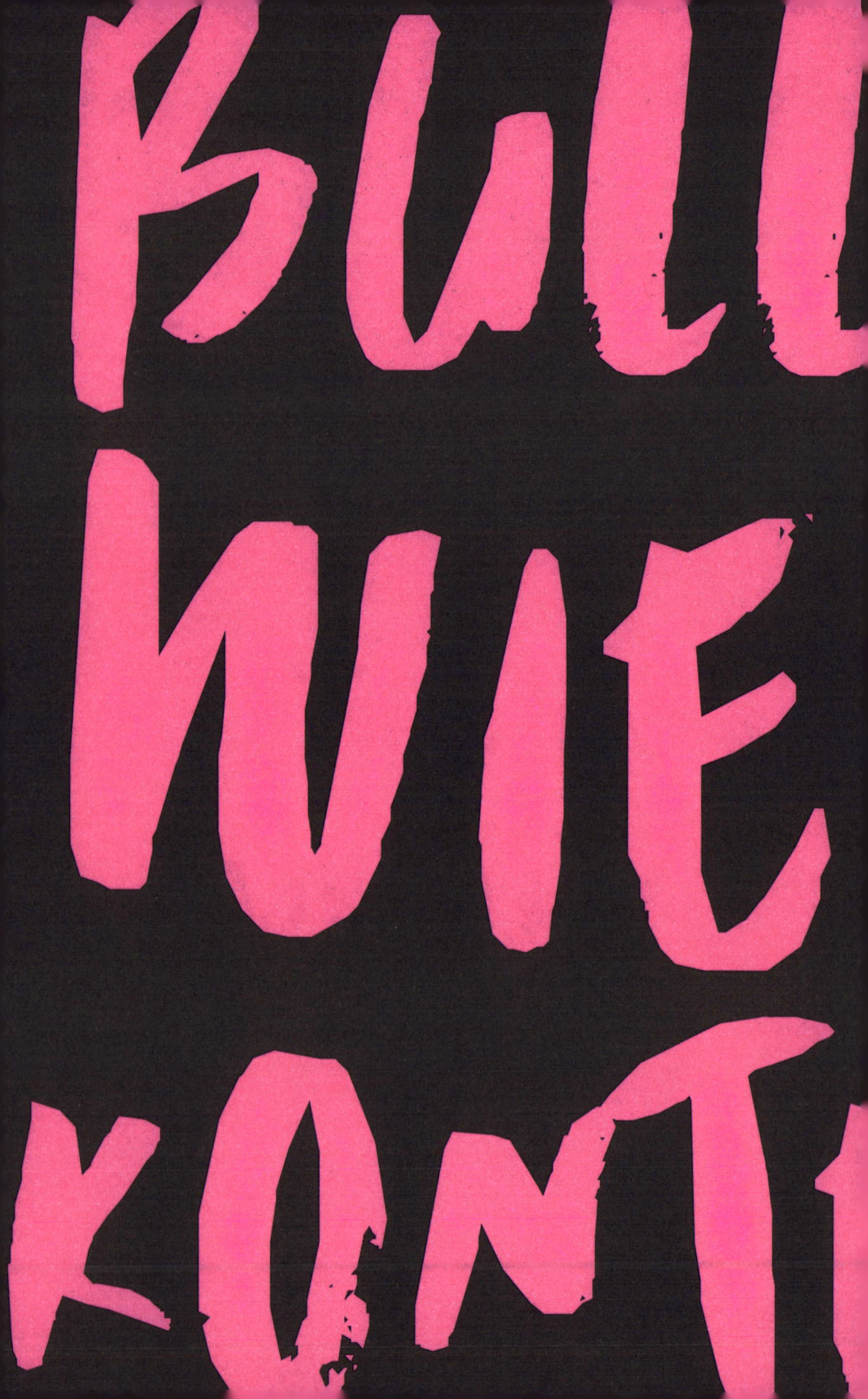

SHIT

IDENTIFIZIERT

ND WANN

RN?

# BULLSHIT IDENTIFIZIERT: WIE UND WANN KONTERN?

von **Melinda Tamas**

Stammtischparolen – dazu zählen u.a. undifferenzierte frauenfeindliche, fremdenfeindliche, behindertenfeindliche, homophobe, antisemitische, islamfeindliche sowie romafeindliche Aussagen – verdanken ihren Namen, wie soll es anders sein, dem Stammtisch oder dem Kaffeekränzchen. Diese Gruppentreffs werden von Menschen zelebriert, die sich gerne und regelmäßig treffen, um ihr Bedürfnis nach Zugehörigkeit zu befriedigen.

Klassische Stammtischparolen sind pauschalisierend, vereinfachend und verkürzend. Oft werten sie andere Menschen ab, manchmal werden sie zynisch, manchmal aggressiv hervorgebracht, was die Vormachtstellung der Sprechenden unterstreichen soll. Stammtischweisheiten sind keine Meinungen, sondern unantastbare Wahrheiten, deren Gültigkeit man sich gegenseitig auf die Schultern klopfend bestätigt.

## STAMMTISCHDYNAMIKEN

Paranoide Frauenfeindlichkeit, Rassismus und Diskriminierung finden aber nicht nur am Stammtisch statt. Sondern auch dann, wenn der Mann* in der Schlange vor der Supermarktkasse verlautbart, Frauen* würden an den Herd gehören, weil sie sogar zum Kassieren zu dumm seien. Dann, wenn der Nachbar bei der gemeinsamen Fahrt im Aufzug in melancholisches Selbstmitleid versunken verkündet, früher wäre alles besser gewesen und es gehöre wieder ein starker Mann* her. Und dann, wenn der ältere Kollege zur neuen Projektmitarbeiterin sagt: »Ach, ich freue mich so, dass Sie jetzt auch bei uns mitarbeiten. Jetzt habe ich endlich etwas Schönes zum Anschauen.« Dann haben wir es mit Stammtischparolen zu tun.

Auch die Kommunikation innerhalb von Freundeskreisen in sozialen Medien können der Stammtischdynamik folgen, gerade wenn Programme und Filter dafür sorgen, dass einem nur Inhalte in die Timeline gespült werden, die dem eigenen Weltbild entsprechen.

Woher rührt diese moralische Blindheit und die menschliche Bereitschaft, Vorurteile als die ganze Wahrheit zu sehen? Wieso benötigen Menschen stets Feindbilder, und wieso hoffen sie ausgerechnet durch das Bekämpfen aller Menschen, die leicht zu diskriminieren scheinen, auf ein Rettungsboot, das sie zu ihrer eigenen Würde, Selbstachtung und zu den Normen des vernünftigen Zusammenlebens führt?

Teilnehmer*innen von Stammtischtreffen weisen üblicherweise ein hohes Harmoniebedürfnis auf und bieten keinen Raum für

Zweifel an der eigenen, fertigen Meinung. Der Gruppenzusammenhalt am Stammtisch lebt von der Übereinstimmung der Meinungen, und dieses scheinbare Zusammengehörigkeitsgefühl darf nicht gestört werden. Wer nicht die gleiche Sprache spricht, wer sich dem moralischen Reinheitsgebot der Stammtischmehrheit nicht fügen will, wird dort für überflüssig erachtet.

Diese »Wir sind wir«-Mentalität (»Wir wissen, wo's langgeht«) führt zu einer Abwertung, Stigmatisierung und Ausgrenzung von Menschen, die anders sind oder anders denken. Auf Stammtischparolenniveau formuliert: Wer am Stammtisch Ausländer verteidigt, wird selbst zum Ausländer.

Auffällig ist, dass Stammtischen abwertende und/oder ausgrenzende »Argumente« nie ausgehen und dass sich die Sprechenden gerne selbst zu Opfern stilisieren. Gemeinsame Feindbilder stiften Zusammenhalt.

## BULLSHIT NICHT GELTEN LASSEN

Ist es überhaupt möglich, Zivilcourage zu lernen, sozialen Mut zu trainieren und öffentliches Eintreten für Werte wie Gerechtigkeit, Toleranz und Solidarität zu fördern? Lohnt es sich, auf »blöde« Sprüche einzugehen, und wenn ja, wie verliert man dabei nicht die Nerven oder das eigene Gesicht?

Der erste Schritt, also die Grundvoraussetzung, ist, den Mut aufzubringen, die Parole nicht einfach so stehen zu lassen, sondern zu reagieren.

Wer allerdings gegen sexistische, homophobe oder rassistische Parolen vorgehen will, sollte die eigenen Beweggründe für eine

Intervention kennen und sich einige Strategien zurechtlegen. Und sich fragen: Welche Strategien passen zu mir?

Oft wirken Interventionen oder Gespräche nach. Daher ist jede Äußerung besser als keine. Es ist anzunehmen, dass sich das Gegenüber in diesem Moment auf keine Diskussion einlassen, ja sogar nur provozieren will. Da wir aber meistens Zuhörer*innen um uns haben, beispielsweise in der Straßenbahn oder beim Familienfest, können Interventionen auf diese bestärkend wirken.

Es ist daher sinnvoll, sich vor einem Diskussionseingriff zu fragen (beziehungsweise sich im Vorfeld mit diesen Fragen zu beschäftigen): Was möchte ich im Gespräch erreichen? Möchte ich Denkanstöße geben? Möchte ich etwas richtigstellen? Will ich dem passiv wirkenden Publikum, den Unentschlossenen etwas sagen? Möchte ich für jemanden Partei ergreifen oder Menschen schützen, die physische Opfer von zunächst verbalen Attacken werden könnten?

**Strategie 1**

## NACHFRAGEN

Da sexistische, abwertende oder ausgrenzende Parolen meistens wenig reflektierte, eher einfach dahingesagte Äußerungen sind, hilft es oft, den Phrasendrescher*innen mit einer Gegenfrage zu begegnen. Behauptet zum Beispiel jemand, dass Frauen* mit Kopftüchern unterdrückt werden, könnte eine Gegenfrage lauten: »Echt? Hat dir das eine Kopftuch tragende Frau* erzählt? Erzähl mir mehr!«

Wichtig bei dieser Strategie ist jedoch, dass man Interesse und Offenheit für die möglichen Antworten des Gegenübers zeigt, zuhört und nicht bekehren möchte. Denn nur dieser Zugang bietet die Grundlage für eine Diskussion, die später fruchtbar enden kann.

**Strategie 2**

## EINIGKEIT IN DETAILS SUCHEN

Wenn sich die Möglichkeit ergibt, lohnt es sich, dem Gegenüber punktuell Recht zu geben. Das entspannt das Gespräch und zeigt auf, welch unterschiedliche Schlüsse sich aus einer ansatzweisen Übereinstimmung ergeben können.

**Strategie 3**

## WIDERSPRÜCHE AUFZEIGEN

Subversives Argumentieren oder Widersprüche aufzuzeigen sind ebenfalls gute Strategien gegen Bullshit. Sie führen womöglich zu keiner sachlichen Argumentation, können Parolendrescher*innen aber dazu bewegen, über die eigenen Aussagen nachzudenken. Wenn also jemand meint, wir haben zu viele Ausländer hier, lässt sich nachfragen: »Wen meinst denn du überhaupt mit Ausländern?«, »Woran misst man diese Zahl, oder was meinst du mit zu viel?«, »Was würde passieren, wenn wir zu wenige Ausländer hier hätten?«, »Wer würde die Drecksarbeit machen?«, »Wer misst mit welchen Mitteln, ab wann die Ausländer zu viel sind?« oder »Wie viele echte Münchner spielen eigentlich noch beim FC Bayern München?«

# NICHT-FAKTEN DEKONSTRUIEREN

Hinter xenophoben oder sexistischen Parolen stehen immer soziale Vorurteile. Vorausgesetzt, man hat sich Gehör verschafft und das Gegenüber lässt sich auf eine Diskussion ein, sollte man im ersten Schritt versuchen, das kollektive »die« aufzulösen. Denn es sind nicht »die Ausländer«, »die Juden«, »die Afrikaner«, »die Schwulen und Lesben«, »die Arbeitslosen« oder »die Frauen*«, die jeweils homogene Gruppen bilden. Wir alle sind Menschen. Besonders in Situationen, in denen sich Freund*innen, gute Bekannte, sympathische Verwandte oder die Lieblingstante – also all jene Menschen, mit denen man emotional verbunden ist – sexistisch, fremdenfeindlich oder diskriminierend äußern, sollte man darauf achten, sich nicht im Ton zu vergreifen. Besser ist es, die eigenen Worte behutsam zu wählen, um so eine respektvolle Basis für die weitere Diskussion zu schaffen. Behauptet also jemand beispielsweise: »Frauen* sind doch schon längst gleichberechtigt!«, ließe sich darauf erwidern: »Frauen* können heute, von Soldatin bis Astronautin, tatsächlich fast alles werden, das ist auch mein Eindruck. Aber kannst du mir ein paar Zahlen nennen? Weißt du womöglich, wie hoch der Prozentsatz weiblicher Aufsichtsratsmitglieder in Konzernen ist? Oder wie viele Frauen* im deutschsprachigen Raum Chefärztinnen sind?«

Strategie 5:

## AUF MÖGLICHE KOOPERATIONS-PARTNER*INNEN ACHTEN

Schweigende Zuhörer*innen können durchaus durch Kopfnicken und zugewandte Körpersprache Unterstützung signalisieren. Es kann hilfreich sein, darauf zu achten, mögliche Kooperationspartner*innen einzubeziehen, indem man fragt: »Was sagst du dazu?«, »Wie siehst du das?«

Wichtig ist, in Diskussionen mit Andersdenkenden nicht moralisierend, belehrend oder bewertend aufzutreten, sondern mit Offenheit und Interesse zuzuhören – auch wenn das bei vielen Menschen auf den ersten Blick Irritation auslösen mag. Es hilft, zu versuchen, in einen ernsthaften Dialog zu treten, sich nicht provozieren zu lassen, gegensätzliche Meinungen auszuhalten, zu reagieren, aber nicht immer sofort reagieren zu müssen. Die genannten Strategien sind ein Grund-Werkzeugkasten und erheben keinen Anspruch auf Vollständigkeit. Sie können aber Auseinandersetzungen zu Chancen des Umdenkens werden lassen und Frust lindern.

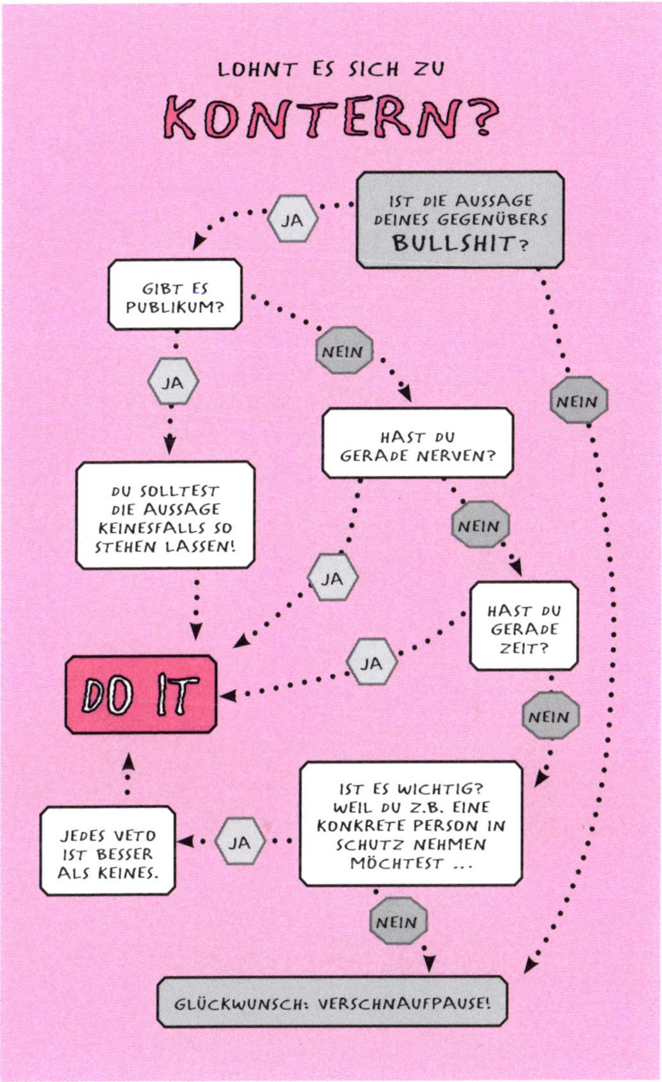
LOHNT ES SICH ZU
KONTERN?
IST DIE AUSSAGE DEINES GEGENÜBERS BULLSHIT?
JA
GIBT ES PUBLIKUM?
JA
DU SOLLTEST DIE AUSSAGE KEINESFALLS SO STEHEN LASSEN!
NEIN
HAST DU GERADE NERVEN?
JA
NEIN
HAST DU GERADE ZEIT?
JA
DO IT
NEIN
IST ES WICHTIG? WEIL DU Z.B. EINE KONKRETE PERSON IN SCHUTZ NEHMEN MÖCHTEST ...
JA
JEDES VETO IST BESSER ALS KEINES.
NEIN
NEIN
GLÜCKWUNSCH: VERSCHNAUFPAUSE!

BULL
VERS
SICH:
EMUAR

SHIT

ECKT

WIE

EN?

# BULLSHIT VERSTECKT SICH: WIE ENTLARVEN?

von **Daniel-Pascal Zorn**

Viel wird derzeit über die Diskurskultur geklagt: Sie sei aus dem Ruder gelaufen, sagt man. Die Leute würden nicht mehr miteinander sprechen, sondern höchstens übereinander, Hate Speech würde die sozialen Netzwerke im Internet fluten und für eine vernünftige Auseinandersetzung werde der Raum immer kleiner.

Diese Beobachtung ist nicht falsch. Aber sie begeht einen entscheidenden Denkfehler: Sie tut so, als handle es sich dabei um eine neue Entwicklung. Dabei gab es noch nie so viel zivilisierte Diskurskultur wie heute. Noch nie hatten so viele Menschen weltweit die Möglichkeit, sich in unzähligen Gesprächen auszutauschen. Und noch nie in der Geschichte der Menschheit war die Lust so groß, alles Mögliche und Unmögliche in einer nicht enden wollenden Anzahl von Kommentaren auf allen möglichen Plattformen zu diskutieren.

Dabei fallen solche Teilnehmer*innen immer wieder auf, die die dort geführten Gespräche absichtlich stören. Früher gab es solche Leute natürlich auch, aber sie waren auf Halbstarke auf dem

Schulhof oder Pöbler auf der Straße beschränkt. Man konnte ihnen meistens gut aus dem Weg gehen, denn in der analogen Welt sprach sich so etwas schnell herum.

## ESKALATION LEICHT GEMACHT

Die Mittel, um zu stören, wurden nicht erst mit dem Internet erfunden. Sie sind sehr alt und basieren auf Formen der Kommunikation, die es schon immer gab: üble Nachrede, Beleidigung, Gerüchte oder das Anprangern anderer in der Öffentlichkeit. Hinzu kommen ein paar ebenfalls sehr alte rhetorische Tricks, mit denen man die eigene Überlegenheit vorgaukelt, sowie die Sprücheklopferei eines Schulhofschubsers.

Im Grunde ist das Rezept, das eine Diskussion entgleisen lässt, sehr einfach zu verstehen. Neu sind nur das Ausmaß und die relative Freiheit, mit der Hunderte »Trolle« sich auf ein Opfer stürzen oder ganze Diskussionsfäden mit unsachlichen und provokanten Beiträgen aus dem Ruder laufen lassen können. Welche Taktiken stehen dafür zur Verfügung? Und wie begegnet man ihnen sinnvoll?

**Bullshit-Taktik 1**

### DIE ABLENKUNG

Die einfachste Art und Weise, ein Gespräch scheitern zu lassen, besteht darin, ständig vom Thema abzulenken. Am besten geht das durch Fragen oder mit steilen Thesen, die nur lose mit dem bisherigen Thema zu tun haben.

**Wie reagieren?** Oft will man jemandem aus Freundlichkeit die Möglichkeit geben, an einer Diskussion teilzunehmen. Diese Freundlichkeit kann aber ausgenutzt werden. Sobald man merkt, dass jemand absichtlich das Thema wechselt, kann man ihn auf das eigentliche Thema hinweisen und ansonsten seine Ablenkungen ignorieren.

**Bullshit-Taktik 2**

## DAS FRAGE- UND ANTWORTDIKTAT

Wer ein Gespräch empfindlich stören will, muss die Teilnehmer*innen dazu bringen, nach der eigenen Pfeife zu tanzen. Eine oft genutzte Möglichkeit, das zu erreichen, ist das Frage- oder Antwortdiktat. Dabei stellt man den Teilnehmer*innen immer wieder neue Fragen, die sie zu beantworten haben. Man simuliert sozusagen eine Prüfungssituation – und sich selbst als Prüfer*in. Wird die Antwort auf die Frage verweigert, spottet man über die Unfähigkeit und das Unwissen der Teilnehmer*innen und bringt sie so gegen sich auf: »Du kannst ja nicht einmal eine einfache Frage beantworten.« Dieser Spott verschleiert, dass niemand einfach so in der Pflicht steht, die Fragen anderer beantworten zu müssen. Und er verschleiert außerdem, dass die Fragen, die im Fragediktat gestellt werden, selbst sehr voraussetzungsreich sein können – und eigentlich der Fragende erst einmal Fragen zu seinen Fragen beantworten müsste.

Eine Variante davon ist das Antwortdiktat: »Ist der Sachverhalt gegeben, ja oder nein?«, »Siehst du das so, ja oder nein?« In einem Antwortdiktat gibt man selbst bestimmte Antworten vor, aus denen der oder die andere dann auswählen soll. So diktiert man anderen die Richtung ihrer Antworten und zwingt sie dazu, Differenzierungen wegzulassen.

**Wie reagieren?** Wer Fragen stellt, muss sich auch mit den Antworten auseinandersetzen. Das Fragediktat funktioniert aber nur, wenn man eine Frage nach der anderen stellen kann. Doch warum sollte man Fragen beantworten, wenn den anderen die Antworten nicht interessieren? Antwortdiktate, die einem Antworten vorgeben, kann man einfach hinterfragen. Sie machen nämlich bestimmte Annahmen, die begründungspflichtig sind. So kann man beispielsweise fragen: »Warum genau gibt es nur diese beiden Möglichkeiten?« Verweigert der andere darauf die Antwort oder eine Begründung, kann man ihn darauf hinweisen, dass man nicht antworten muss, wenn er die Antwort selbst verweigert – gleiches Recht für alle.

**Bullshit-Taktik 3**

## DAS VERSCHIEBEN DES TORPFOSTENS

Wer den Torpfosten verschiebt, lenkt nicht von einem Thema auf das andere ab, sondern versucht, das bestehende Thema ständig weiter oder enger auszulegen, als es bisher besprochen wurde. Das ist so, als würde man Torschießen üben – und jedes Mal den Pfosten des Tores genau so weit verschieben, dass der Ball immer im Tor landet. Zuerst wird beispielsweise behauptet: »Es ist vollkommen klar, dass deren Kultur von unserer Kultur vollkommen verschieden ist.« Auf die Nachfrage, woran man das denn sehen könne, lautet die Antwort: »So genau kann man das nicht sagen.« Der Torpfosten wurde verschoben. Fragt man, woran man das für alle Angehörigen einer Kultur festmachen kann, wird die Antwort gegeben: »Ich meine damit ja auch nur bestimmte Leute.«

**Wie reagieren?** Man weist einfach darauf hin, dass der Torpfosten ständig verschoben wird. Macht derjenige oder diejenige es wieder, hat man einen Nachweis, den man den anderen Teilnehmer*innen aufzeigen kann.

**Bullshit-Taktik 4**

## DIE AUTORITÄTSSIMULATION

Ähnlich wie das Frage- bzw. Antwortdiktat versucht man in einer Autoritätssimulation den anderen vorzugaukeln, man habe das Recht, etwas für alle anderen festzulegen. Eine solche Simulation setzt auf einen einfachen Effekt: Tritt mit Autorität auf, dann erkennen alle anderen deine Autorität auch an! Fake it till you make it – wer stur darauf beharrt, dass es so ist, wie man sagt, setzt sich irgendwann durch. Autoritätssimulationen können verschiedene Formen annehmen: Man tut beispielsweise so, als sei man bereits im Besitz des richtigen Wissens zu einem Sachverhalt, und der andere sei einfach noch nicht so weit. Oder man setzt die eigene angebliche Erfahrung als Maßstab für alle anderen ein. »Du musst erst mal da hinkommen, wo ich schon bin, erst dann nehme ich dich ernst«, mit dieser Haltung begegnen einem Leute, die Autorität simulieren.

**Wie reagieren?** Simulierte Autorität ist keine Autorität. Und in einem Gespräch hat sowieso niemand für irgendwen irgendwas festzulegen. Das kann man dann auch genau so sagen: »Das hast du nicht festzulegen.« Etwas weniger konfrontativ ist die Nachfrage, was jemanden denn berechtigt, seine Meinung derart autoritär zu vertreten. Meistens kommt dann irgendeine Literaturangabe, manchmal auch nur ein Wikipedia-Artikel. In diesem Moment zeigt der Simulant, dass seine Autorität nur geliehen ist.

**Bullshit-Taktik 5**

## DIE IRONISIERUNG

Ironie ist etwas Schönes. Sie hilft dabei, die Welt oder sich selbst nicht ganz so ernst zu nehmen. Aber man kann es auch mit ihr übertreiben. Wer ständig alles ironisieren muss, macht damit deutlich, dass er Ironie nur nutzt, um sich selbst gegen Kritik zu immunisieren.

**Wie reagieren?** Die ständige Ironisierung von allem und jedem kontert man am besten dadurch, dass man sie ernst nimmt. Der Ironisierende wird einem dann, meistens etwas überheblich, erklären, dass das nur ironisch gemeint war. Dann kann man ihn fragen, was er denn wirklich dazu meint. Sehr oft kann man das nicht wiederholen, denn irgendwann ist klar, dass der Ironisierende sich um eine klare Antwort drückt.

**Bullshit-Taktik 6**

## DER PERSÖNLICHE ANGRIFF

Eine sehr einfache Weise, um jemanden aus der Fassung zu bringen, besteht darin, ihn persönlich anzugreifen. Diese Taktik erinnert am meisten an eine Schubserei auf dem Schulhof.

Persönliche Angriffe können leicht mit Autoritätssimulationen kombiniert werden. Meistens handelt es sich dabei um den

Versuch, den Gesprächspartner oder die Gesprächspartnerin in ein Machtverhältnis zu zwingen. Die Pathologisierung erklärt das Gegenüber z. B. für krank oder nicht zurechnungsfähig. In einer Infantilisierung erklärt man das Gegenüber für unmündig, zu jung oder zu unerfahren. Eine Emotionalisierung unterstellt, dass man emotional reagiert, aggressiv, ängstlich, hysterisch oder verletzt. Sie nimmt sozusagen den erwünschten Effekt, den sie erreichen will, vorweg und versucht die Reaktion des Gegenübers dafür einzuspannen.

Um den oder die andere(n) aus der Fassung zu bringen, kann man auch zu noch gemeineren Mitteln greifen. Hautfarbe, Geschlecht, Herkunft oder Bildungsstand werden so zu pauschalen Angriffspunkten gemacht. Beklagt sich dann der/die Angegriffene über Rassismus, Sexismus oder Chauvinismus, erklärt sich der/die Angreifende zum Opfer einer »Rassismus-/Sexismus-usw. Keule« und versucht so, andere auf seine Seite zu ziehen.

**Wie reagieren?** Cool bleiben. Wer persönlich angegriffen wird, kann das nüchtern feststellen und hinzufügen, dass das sehr viel mehr über die/den Angreifer*in als über den oder die Angegriffene(n) aussagt. Wer mit Beleidigungen trollt, versucht möglichst extreme Reaktionen herauszukitzeln. Und genau die sollte man ihm versagen. Anstatt also empört das Gespräch abzubrechen, kann man den Angreifer über sein eigenes Stöckchen springen lassen: »Das war nicht sehr sachlich. Hast du auch einen sachlichen Beitrag?« Kommt wieder nur ein Angriff, antwortet man: »Offenbar nicht« und ignoriert weitere Beiträge.

# DIE SELBSTVIKTIMISIERUNG

Eine beliebte Strategie, um recht zu behalten und zugleich jemand anderen verantwortlich zu machen, ist die Selbstviktimisierung. Dabei beschuldigt man jemanden einer Tat und legt sich selbst als Opfer derselben Tat fest. Diese Taktik besitzt ein Moment der Selbsttäuschung: Wer andere zu Täter*innen macht, obwohl sie nichts getan haben, ist selbst Täter*in. Wer sich aber ebenso absolut zum Opfer dieser Tat erklärt, macht genau das für sich selbst unsichtbar. So kann man sich ständig darüber täuschen, dass man Opfer ist, obwohl man eigentlich Täter*in ist.

**Wie reagieren?** Cool bleiben. Wer sich zum Opfer einer Tat erklärt, muss diese Tat zumindest grundsätzlich belegen können. Wer keine Belege liefern kann, macht sich verdächtig, den Opferstatus auszunutzen. Man fragt also sachlich nach und bittet um Belege. Meistens wird die Nachfrage selbst wieder als Gewalttat bezeichnet. Dann kann man fragen, warum die Nachfrage eine Gewalttat ist, wenn man selbst gar nicht bereit ist, Belege zu geben. Spätestens dann ist der Effekt dieser Taktik verflogen.

BULL

WIL

WAS

WAHR

SHIT

WAHR SEIN:

IST

HEIT?

# BULLSHIT ERHEBT WAHRHEITSANSPRUCH: WAS IST WAHRHEIT?

von **Nora Ruck**

Die Wahrheit hat gerade als ihr Gegenteil Konjunktur: Wenn US-Präsident Donald Trump »Fake News« schreit und sich Spitzenpolitiker*innen in mehreren deutschsprachigen Ländern als Opfer einer vermeintlichen »Lügenpresse« inszenieren, dann beanspruchen hier die Mächtigsten die Wahrheit für sich, über sich und über andere.

Mit den Fragen, ob »Wahrheit« schon alleine als Gegenteil von Lüge bestimmt werden kann und wer unter welchen Bedingungen bestimmt, was als wahr gilt, beschäftigen sich feministische Erkenntnistheorien. Sie lehren uns, dass Vorsicht geboten ist, wenn wissenschaftliche Erkenntnisse zur Untermauerung angeblicher »Wahrheiten« herhalten müssen.

## NICHT REALISTISCH UND DOCH KONSENS

So veranschaulicht etwa die Wissenschaftshistorikerin Londa Schiebinger in ihrem Aufsatz *Skeletons in the Closet* aus dem Jahr 1986, wie angebliche »Wahrheiten« dazu dienen können, gesellschaftliche Ungleichheiten zu legitimieren und zu stabilisieren. Schiebinger zeigt darin auf, wie über anatomische Zeichnungen zum ersten Mal die Idee aufkam, dass sich Skelette von Frauen und Männern maßgeblich unterscheiden würden. Als im 18. Jahrhundert die ersten Zeichnungen »weiblicher« Skelette in anatomischen Atlanten erschienen, setzte sich das von dem deutschen Anatomen Samuel Thomas von Soemmering gezeichnete »weibliche« Skelett unter zeitgenössischen Anatom*innen nicht durch. Dabei war seine Annäherung nach heutigen Erkenntnissen relativ korrekt. Breit rezipiert wurde hingegen eine von der französischen Gelehrten Marie-Geneviève-Charlotte Thiroux d'Arconville angefertigte Skelettzeichnung: Bei ihr war der Kopf absurd klein gehalten, Brustkorb und Schultern waren zu schmal und das Becken zu breit. Kurzum: Ihre Darstellung war also nicht realitätsgetreu – und dennoch wurde sie damals wissenschaftlicher Konsens.

Schiebinger untersuchte, wie das möglich war: Ende des 18. Jahrhunderts stärkte die Französische Revolution mit ihren Idealen die Rufe von Frauen* und anderen unterdrückten gesellschaftlichen Gruppen nach Gleichheit und Freiheit. Tatsächlich war es allerdings nach der Französischen Revolution in Frankreich um Frauen*rechte nicht besser bestellt als zuvor. So waren Frauen* nicht nur aus der Wissenschaft ausgeschlossen, sondern auch generell von Bildung und politischer Mitbestimmung.

Hier tat sich also ein Widerspruch auf zwischen der theoretischen Gleichheit von Mann* und Frau*, wie sie die revolutionären Ideale propagierten, und den tatsächlichen Ungleichheiten, die mit den Gleichheitsidealen in Konflikt standen. In diesem Legitimationsnotstand erfüllten Theorien über biologische Geschlechterunterschiede eine wichtige Funktion: Sozialen Rollenverteilungen wurde mit diesen Theorien eine biologische Basis und damit eine »natürliche« Legitimation unterstellt.

Auch heute können wir beobachten, dass Wissenschaft die Rolle erfüllt, gesellschaftliche Ungleichheiten zu naturalisieren, das heißt, Ungleichheiten, die in demokratischen Gesellschaften eigentlich keine kulturelle und soziale Legitimation mehr haben, als naturgegeben zu rechtfertigen. Typisch dafür ist heute vor allem die umstrittene Evolutionspsychologie, also jener Forschungszweig der Psychologie, der davon ausgeht, dass das menschliche Erleben, Fühlen und Verhalten ein Produkt der Evolution ist.

Wird Wissenschaft zur Naturalisierung von gesellschaftlichen Ungleichheiten genutzt, die sich aber weder be- noch widerlegen lassen, kann sie die Funktion einer Ideologie einnehmen. Wissenschaft und Ideologie sind freilich nicht das Gleiche, manchmal aber können Grenzen verschwimmen. Wird Wissenschaft zu ideologischen Zwecken eingesetzt, kann sie selbst als Ideologie fungieren.

Die Philosophin Mona Singer plädiert daher aus feministischer Perspektive dafür, »an Wahrheitsansprüchen festzuhalten, die wissenschaftliche Objektivität nicht aufzugeben, aber auch nicht in ihr aufzugehen«. Was sie damit meint ist, dass es für Wahrheit neben Objektivität auch andere Kriterien gibt. So wird Wissen etwa immer von konkreten Individuen in sozialen und institutionellen Kontexten und unter bestimmten gesellschaftlichen und historischen Bedingungen produziert.

Dieser Ansatz der grundsätzlichen »Situiertheit von Wissen«, wie die Naturwissenschaftshistorikerin Donna Haraway schreibt, greift auf feministische Standpunkttheorien zurück. Diese Theorien gehen davon aus, dass unser Wissen über uns und die Welt nicht losgelöst von der erkennenden Person ist und dass diese wiederum nie unabhängig von ihrer gesellschaftlichen Position ist.

Das große Verdienst – aber auch die vielfach kritisierte Annahme – von Standpunkttheorien ist der Hinweis darauf, dass soziale Ungleichheiten besser, weil zumindest unmittelbarer, von jenen erkannt werden, die von ihnen betroffen sind: So leiden Diskriminierte unter ihrer Benachteiligung – im Interesse der herrschenden Klasse(n) kann es aber liegen, soziale Ungleichheiten zu leugnen oder nicht zu benennen, da die Thematisierung von gesellschaftlichen Schieflagen ein erster Anstoß zu deren Aufhebung sein könnte.

## ERFAHRUNGEN VON UNTERDRÜCKTEN

Wichtig bei Standpunkttheorien zu wissen ist, dass sich der jeweilige Standpunkt zwar auf die soziale Position einer Person bezieht, aber nicht mit der Person identisch ist. Anders gesagt: Nur weil jemand als Frau* sozialisiert und gelesen wird, muss sie Geschlechterungleichheiten nicht erleben oder sich ihrer bewusst sein.

Wie die Philosophin Sandra Harding betont, beginnt das Ringen um einen Standpunkt dort, wo unterdrückte Gruppen lernen, genau die sozialen Dimensionen, die ihnen die größte Unterdrückung bescheren, als Erkenntnisquelle über Gesellschaft im Ganzen zu nutzen. Ein feministischer Standpunkt beginnt also dort, wo Frauen* ihre Unterdrückungs- und/oder Diskriminierungserfahrungen nutzen, um etwas über eine Gesellschaft auszusagen, zu der unter anderem Geschlechterungleichheit zentral dazugehört; oder da, wo Menschen, die nicht als Frauen* sozialisiert wurden, beginnen, sich diese Einsicht auf anderem Weg als über die direkte Erfahrung zu erarbeiten. Der Standpunkt ist zudem ein politisches Konzept, weil die Erkenntnis über gesellschaftliche Ungleichheit ein Ausgangspunkt für den Versuch sein kann, etwas an Schieflagen zu ändern.

## WAHRHEIT IST UMKÄMPFT

Standpunkttheoretiker*innen haben auf dieser Grundlage eine Weiterentwicklung des Objektivitätsbegriffs vorgenommen. Die Philosophin und feministische Wissenschaftskritikerin Sandra Harding etwa plädiert für eine sogenannte »starke Objektivität«, eine systematische Perspektivenvielfalt. Beim Systemischen geht es nicht darum, beliebige Perspektiven auszutauschen, sondern gezielt Stimmen und Sichtweisen von Menschen einzuholen, zu bewerten und zu gewichten – nämlich von jenen, die sonst keine Stimme haben oder nicht gehört werden, weil sie gesellschaftlich an den Rand gedrängt werden. So hat auch die Soziologin Patricia Hill Collins vorgeschlagen, jene Wahrheiten als objektiv zu betrachten, die von einer Vielzahl von je unterschiedlich Unterdrückten oder Diskriminierten geäußert werden.

Wahrheit ist nicht das Gegenteil von Fakes oder von Lügen. Sie ist viel komplexer. Sie korrespondiert mit Wissen – und Wissen ist, wie die Sozialwissenschaftlerin und Philosophin Iris Mendel betont, »umkämpft«. Allerdings »nicht in dem Sinne, dass es ein Wissen gäbe, um das gestritten würde, sondern vielmehr im Sinne eines ständigen Kampfes darum, was überhaupt als Wissen gilt«. Nicht zuletzt in diesem Sinn ist auch jeder politische Kampf ein Kampf um Wahrheit.

BULL

MANIPULIER

ROLLE

SPRA

CHIT

: WELCHE

SPIELT

CHE?

# BULLSHIT MANIPULIERT: WELCHE ROLLE SPIELT SPRACHE?

von **Karin Wetschanow**

Die Frage nach der Macht von Sprache ist nicht neu. Lange Zeit hat sich die Philosophie mit dem Einfluss von Sprache auf unsere Denk- und Handlungsmuster beschäftigt. Es war der Philosoph Martin Heidegger, der die konstruktivistische Sicht auf den Punkt brachte, indem er formulierte: »Das Wort verschafft dem Ding erst das Sein.« Die Sprachwissenschaft dagegen war lange Zeit beherrscht von der Annahme, dass Sprache ein neutrales Verständigungsmittel sei, das auf eine unabhängig von ihr vorhandene »Wirklichkeit« Bezug nimmt. Erst seit dem Aufkommen der Sprechakttheorie von John Austin und John Searle in den 1950er-Jahren beschäftigt sich die Linguistik mit der kommunikativen Funktion von Sprache. Die daraus entstandene Pragmatik geht davon aus, dass Sprache Handeln ist, dass wir mit jeder Äußerung »etwas tun«. Mit jeder sprachlichen Äußerung verändern wir die Welt ebenso, wie wir das mit physischen Handlungen tun. Wir spüren die Handlungsfunktion von Sprache wohl am stärksten, wenn wir beschimpft oder verbal attackiert werden, denn wir merken: Sprache kann ebenso verletzen wie körperliche Gewalt. Wo wir die Handlungsmacht von Sprache auch gut beobachten können, ist in Fällen, in denen es ohne Sprache kein Gelingen gäbe: Ohne ein »Ja« gibt es keine Heirat, ohne einen Fluch kein Verfluchen.

## SPRACHE FORMT REALITÄT

Die Philosophin Judith Butler setzt bei diesen Überlegungen an und erweitert sie um den Aspekt der Zeit. Sie argumentiert, dass die Verwendung bestimmter Begrifflichkeiten durch ständige Wiederholung schließlich dazu führt, dass sehr fixe Vorstellungen von der Welt entstehen, die uns mit der Zeit als natürlich gegeben erscheinen. Sie analysiert Frau* und Mann* als kulturell geschaffene Kategorien, die einst entstanden sind und weitergetragen wurden. Durch ihren stetigen Gebrauch und ihr »Zitieren« erscheint uns das herbeigesprochene Konstrukt »Geschlecht« als natürlich gegeben und ein Denken von menschlichen Körpern jenseits davon fällt schwer. Eine Veränderung ist aber möglich und findet statt, wie z. B. die inzwischen 60 verschiedenen Geschlechtsidentitäten, aus denen man bei Facebook wählen kann, zeigen. Auch die Kategorie »Mensch« hat in der früheren und in der jüngeren Geschichte Ausdifferenzierungen erfahren, die die Realität maßgeblich verändert haben. Die Unterscheidung in »Menschen« und »Untermenschen«, die die Nationalsozialisten trafen, hat die Vernichtung von Millionen von Menschen erst mit ermöglicht.

Die *Be*-nennung eines beobachteten Phänomens ist kein neutraler Vorgang. Sie ist gesteuert von einer kontext- und kulturgebundenen Wahrnehmung – und von den sprachlichen Konzepten, die uns zur Verfügung stehen. Wir nutzen Sprache, um eine wahrgenommene Welt zu *re*-präsentieren, zu *re*-konstruieren. Gleichermaßen formt Sprache unsere Wahrnehmung und unsere Vorstellungen von Wirklichkeit, denn wir können die Welt nicht unabhängig von unserer Sprache *er*-kennen, das heißt ihr Bedeutung zuordnen. Als Beispiel kann der Biologieunterricht gelten, in dem von der »Befruchtung der Eizelle« die Rede ist. Die *Be*-schreibung suggeriert eine aktive Samen- und eine passive Eizelle. Wie passiv ist die Eizelle aber tatsächlich? Ist tatsächlich der Samen die Frucht, die auf das Ei aufgebracht wird (vgl. *be*-malen, *be*-werfen), oder ist nicht vielmehr das Ei die Frucht? Der Bezeichnung der Konzeption als »Befruchtung« stehen heutige Erkenntnisse der Biologie gegenüber, die der Eizelle sowohl beim Verschmelzungsvorgang als auch unmittelbar danach eine Führungsrolle zuschreiben. Wie würden wir den Akt der Verschmelzung von Ei- und Samenzelle wahrnehmen, wenn dieser Vorgang als »Einverleibung der Samenzelle« bezeichnet worden wäre? Hätte auch sie Woody Allen zur Darstellung von Spermien als absprungbereite Soldaten mit einer Mission animiert? Gäbe es Biologiebücher für Kinder, in welchen das Ei als schlafende Prinzessin dargestellt wird, die auf den erweckenden Prinzenkuss wartet? Und mit Anthropologin Emily Martin gefragt, auf die dieses Beispiel zurückgeht: Hätte eine Medizin, die jenseits von einem patriarchalen System agiert, eine solche Bezeichnung gewählt?

## ARGUMENTIEREN KANN KRIEG BEDEUTEN

Der Theorie von George Lakoff und Mark Johnson zufolge bieten uns Metaphern in unserer alltäglichen Redepraxis Orientierungen innerhalb der Lebenswelt an, indem sie uns erlauben, die komplexe Umwelt in uns bekannte Konzepte und Schemata einzuordnen. So nutzen wir etwa das Wortfeld der Kriegsführung, um Diskussionen zu beschreiben: Wir *attackieren* mit Worten, tragen Wort*gefechte* aus und bringen *stichhaltige* Argumente vor: »Argumentieren ist Krieg«. Wie würden wir »die Realität« von Diskussionen wahrnehmen, wenn sie im Konzept »Argumentieren ist Ballspiel« angesiedelt wäre und wir uns Worte *zupassen* würden, Argumente *aufspielen* und Gegenargumente *abstoppen* würden? Eine andere komplexe Metapher finden wir in der medialen Berichterstattung über Vergewaltigung, in der die Strukturfolie der Jagd von Raubtieren genutzt wird, um menschliches Handeln zu *be*-schreiben: »Vergewaltigung durch Fremde ist Raubtierjagd!« Täter *lauern* ihren Opfern *auf* und *fallen* über sie *her*. Dieser diskursiven Praxis wohnt auch eine argumentative Kraft inne: Vergewaltigung wird in den Kontext naturhafter, instinktgetriebener Aggression gerückt, was Täter*innen zu Marionetten der Biologie werden lässt und ihnen ein Stück weit Verantwortung abspricht.

Auch die Politik arbeitet gerne mit Metaphern. So lesen und hören wir in den letzten Jahren immer wieder von einem Flüchtlings*strom* oder von einer Flucht*welle*. Bezeichnungen wie diese lassen die individuellen Menschen, die einen sicheren Platz zum Leben suchen, in den Hintergrund treten. In uns wird ein Bild von einer schwallartig über uns hereinbrechenden Naturkatastrophe wach, vor der wir uns nur schützen, gegen die wir aber wenig unternehmen können. Flutwellen und Fluchtwellen gehören eingedämmt, Wasser- und Menschenströme werden gleichermaßen mit Mauern begrenzt und ihr Fluss geregelt. Oft werden Bezeichnungen in politischen Zusammenhängen bewusst dazu eingesetzt, um eine Realität zu konstruieren, die den eigenen Interessen dienlich ist, denn Politik ist sprachliches Handeln. Eine Politik jenseits von Sprache wäre Gewalt. Deshalb ist die Rhetorik, die Kunst der Rede, untrennbar mit Politik verknüpft. Ein gut belegtes Beispiel ist der Ausdruck »Die Achse des Bösen«, der auf die Länder Nordkorea, Irak und Iran verweist. Diese Redewendung wurde von Redenschreibern für die Rede zur Lage der Nation von George W. Bush am 29. Januar 2002 bewusst erfunden. Diese rhetorische Figur ordnet drei Länder miteinander in einer Achse an und suggeriert damit eine politische Verbindung zwischen ihnen, die nie gegeben war. Mit dem Genitivattribut des Bösen werden diese Länder im religiös ethischen Sinn als moralisch falsch handelnd und als Quell allen Übels bezeichnet. Dem guten Amerika steht eine Verbindung böser Staaten gegenüber, härtere Gangarten und Sanktionen sind damit legitimiert.

## VERURTEILUNGEN ZEIGEN DIE MACHT DER SPRACHE

Ein wichtiger Bereich des politischen Handlungsfelds ist die Legislative. Hier wird auf sehr direkte Weise auf sprachlicher Ebene Realität ausgehandelt, zum Beispiel wenn in Österreich darüber diskutiert wird, die in Absatz drei des Paragrafen 278c formulierte

Ausnahmeregel abzuschaffen, die Freiheitskämpfer*innen von Terrorist*innen unterscheidet. Aber auch in Urteilsbegründungen zeigt sich die Macht der Sprache. So etwa, wenn ein des Vergewaltigungsversuchs angeklagter großer starker Mann* freigesprochen wird, weil er seine Anklägerin »entkommen und sich von ihr schlagen hat lassen«. Derselbe Sachverhalt aktiv und aus der Perspektive des Opfers formuliert würde eine Frau* zeigen, die ihren Angreifer geschlagen hat und es geschafft hat, sich zu befreien. Dieses Beispiel macht deutlich, wie ein und dieselben Handlungen sprachlich unterschiedlich dargestellt werden und in einem Kontext institutioneller Macht existentielle Auswirkungen nach sich ziehen können.

Eine große Deutungsmacht kommt Medien zu. Die Art und Weise, wie sie über etwas berichten, prägt unsere Wahrnehmung. Alleine die Entscheidung darüber, welche Eigenschaften einer Person in der Presse herangezogen werden, um sie zu benennen, hat Konsequenzen. Es macht einen Unterschied, ob ich in einer Zeitung lese, dass eine »26-jährige Blondine« Opfer einer »Sexattacke« wurde oder dass eine »Jungärztin« »vergewaltigt« wurde.

Mit dem Thema der Personenbezeichnung sind wir bei der Diskussion um einen geschlechtergerechten Sprachgebrauch beziehungsweise um ein antidiskriminierendes Sprachhandeln. Wozu benötigen wir eigentlich das Binnen-I oder den Stern? Beziehen sich Personenbezeichnungen im Maskulinum (»Mayer ist Pilot«, »Sie sind Pilotin«) nicht auf alle Menschen? Dazu gibt es eine Reihe von psychokognitiven Studien, die erforschen, wie wir uns eine bezeichnete Person bzw. Personengruppe vorstellen, wenn wir Personenbezeichnungen lesen. Sie alle kommen zu dem einheitlichen Ergebnis, dass uns die männliche Form vorzugsweise an Männer* denken lässt: Lesen Menschen in einer Stellenanzeige »Lehrer gesucht«, stellen sie sich zumeist einen Mann* beziehungsweise Männer* vor. Bei der Variante »LehrerInnen« (Untersuchungen zu Stern- und Unterstrichvarianten liegen noch nicht vor) denken Leute am ehesten an Frauen*. Wie mächtig Sprache ist, zeigt sich daran, wie stark umkämpft sie ist und welche Sanktionen Personen drohen, die sich für ein antidiskriminierendes Sprachhandeln starkmachen. Prof. Dr. Lann Hornscheidt bat auf der Homepage der Humboldt-Universität zu Berlin höflich darum, eine »zweigendernde« Anrede, die nur Mann oder Frau kennt (wie »Herr ...«, »Frau ...«, »Lieber ...« oder »Liebe ...«), zu vermeiden. Nach einem monatelangen Shitstorm, der bis zu Vergewaltigungs- und Morddrohungen reichte, richtete Hornscheidt eine eigene Mailadresse für Hate Mails ein.

Die Handlungsmacht von Sprache ist uns auf vielen Ebenen präsent. Wir schätzen die heilende Wirkung der Sprache in psychoanalytischen Techniken, gehen in Rhetorikkurse, um uns das letzte Wort zu sichern und kämpfen darum, mit unserem korrekten Namen angesprochen zu werden. Auf politischer Ebene wird um Nationalsprachen gekämpft, und es werden Sprachverbote verhängt. Sprache ist von Bedeutung, weil sie uns Bedeutung (ver-)schafft.

TEIL II

# BULLSHIT ENTKRÄFTEN

DER PA
IST
MYTH

GAP
EIN
OS!

# »DER PAY GAP IST EIN MYTHOS!«

Bullshit entmythisiert von
**Erza Aruqaj & Katharina Mader**

»Gender Pay Gaps sind die Chemtrails der Akademiker.« – »Entweder werden seit 20 Jahren Äpfel mit Birnen verglichen, oder es gibt den Gender Pay Gap gar nicht in dieser Form, wie man ihn gefühlt wöchentlich predigt.« – »Ein richtiger Gender Pay Gap wäre für mich, wenn ein Mann* und eine Frau* mit selber Ausbildung, in selber Position und mit den gleichen Dienstjahren unterschiedlich verdienen. Solange es hier keine genaue Analyse gibt, sind die erhobenen ›Gaps‹ wertlos.«

Solche Online-Foreneinträge sind nur ein kleiner Auszug aus Diskussionen zum Pay Gap, die sich unter Artikeln zum Thema finden. In Österreich betrug er 2016 – das sind die aktuellsten Zahlen – rund 20 Prozent, in Deutschland rund 22 Prozent und in der Schweiz 17 Prozent. Diese Zahlen geben den sogenannten »unbereinigten Pay Gap« wieder. Beim unbereinigten Pay Gap ziehen Statistiker*innen die Bruttostundenlöhne der unselbstständigen Erwerbstätigen heran und vergleichen also keine monatlichen oder jährlichen Vollzeitgehälter mit Teilzeitgehältern. Damit ist der »unbereinigte« Pay Gap eigentlich schon um das Beschäftigungsausmaß teilbereinigt.

## STATISTISCHE ZWILLINGE IM JOB SIND SELTEN

Pay-Gap-Berechnungsarten gibt es viele. Gängig ist die Unterscheidung in einen »unbereinigten« sowie einen »bereinigten« Pay Gap. Und selbst die Berechnung, die User* Nummer drei fordert, nämlich nur absolut Gleiches mit Gleichem abzuwägen, ist rechnerisch möglich: Dafür werden sogenannte statistische Zwillinge herangezogen, die sich in nichts außer ihrem Geschlecht unterscheiden. Dabei wird beispielsweise der Verdienst einer Abteilungsleiterin mit Studium und 15 Dienstjahren, die Vollzeit arbeitet, verglichen mit ihrem Kollegen, der die gleiche Qualifizierung hat und unter gleichen Bedingungen in derselben Branche arbeitet. In der Realität gibt es diese statistischen Zwillinge zwar selten – doch selbst bei dieser Berechnung bleibt ein Rest an Lohnlücke, die noch immer mehrere Prozent ausmacht. Dieser Rest lässt sich nur mehr durch Geschlechterdiskriminierung erklären, alle anderen denkbaren Faktoren wurden ausgemerzt. Jene, die meinen, der Pay Gap sei ein Mythos, schlaumeiern also ahnungslos. Denn Frauen* verdienen – egal nach welcher Berechnungsart – weniger als Männer*.

Beide gängigen Berechnungsarten des unbereinigten und bereinigten Pay Gaps haben Vor- und Nachteile. Sie liefern aber jeweils wichtige Informationen über gesellschaftliche Strukturen, über

Geschlechterrollen und damit verbundene Chancen auf dem Arbeitsmarkt, aber auch über ökonomische, politische und soziale Machtverhältnisse. Aber zunächst der Reihe nach.

## REICHER GEHIRNCHIRURG, ARME SEKRETÄRIN

Der sogenannte unbereinigte Pay Gap bietet die Möglichkeit eines EU-Vergleichs von durchschnittlichen Bruttostundenverdiensten der unselbstständig Beschäftigten in der Privatwirtschaft.

Wenn die europäische Statistikbehörde Eurostat jährlich die Daten der EU-Mitgliedsstaaten dazu veröffentlicht, steigt die Dichte an aufgeregten Foren-Postings massiv an. »Ein Gehirnchirurg verdient nun einmal mehr als eine Sekretärin« darf man dann beispielsweise wieder lesen. Isoliert betrachtet ist das korrekt und nachvollziehbar, führt aber – eben mit dieser isolierten Betrachtung – Pay-Gap-Diskussionen schnell ad absurdum. Die Bedeutung des unbereinigten Pay Gaps liegt darin, dass er reale Verhältnisse auf dem Arbeitsmarkt widerspiegelt: Er macht die unterschiedliche Bezahlung in sogenannten »weiblichen« und »männlichen« Berufen sichtbar, zeigt die politische Bedeutung von bezahlter und unbezahlter Arbeit auf und veranschaulicht strukturelle Hürden für Frauen* im Arbeitsleben. Er zeigt also, wie sich zahlreiche Einzelstatistiken, etwa zu unbezahlter Arbeit oder zur Berufswahl, auf den Verdienst niederschlagen können. Der unbereinigte Pay Gap führt vor Augen, wie sehr Frauen* und Männer* in Geschlechterrollen feststecken, Männer in besser bezahlten Berufen tätig sind, Frauen* nicht den gleichen Zugang zu Stellen haben – aber auch, dass die Realität kaum statistische Geschlechter-Zwillinge hervorbringt.

## DATEN SIND EIN WEGWEISER FÜR DIE POLITIK

Der unbereinigte Gender Pay Gap wirft wichtige Fragen auf für eine Gesellschaft, die sich als gleichberechtigt verstehen will: Wieso existieren Über- und Unterrepräsentanzen in Jobs überhaupt, und welche politischen Maßnahmen wären notwendig, um Lohnunterschiede zu verringern? So können sich beispielsweise flächendeckende Kinderbetreuung, die Auseinandersetzung mit Gender in der Schule oder verpflichtende Geschlechterquoten positiv auswirken.

Gerade die ungleiche Verteilung von unbezahlter Arbeit in privaten Haushalten hat erhebliche Auswirkungen auf den Lohnunterschied zwischen Frauen* und Männern*: So haben jene Personen, die große Teile der unbezahlten Hausarbeit und Kinderbetreuung stemmen – statistisch sind es v. a. die Frauen* –, meist Teilzeitpositionen oder atypische Beschäftigungsverhältnisse inne. In Österreich arbeiteten z. B. im Jahresdurchschnitt 2017 fast 48 Prozent der unselbstständig beschäftigten Frauen* Teilzeit, also jede zweite. Demgegenüber lag der Anteil der erwerbstätigen Männer*, die eine Teilzeitbeschäftigung ausüben, bei nur rund zwölf Prozent. Als Hauptgrund für Teilzeitarbeit geben Frauen* laut Eurostat die Betreuung von Kindern oder pflegebedürftigen Erwachsenen an. Männer* hingegen geben als Hauptgründe an, keiner Vollzeittätigkeit nachgehen zu wollen und in beinahe gleichem Ausmaß ihre »schulische oder berufliche Aus- oder Fortbildung«.

Wie ungleich die Verteilung von unbezahlter und bezahlter Arbeit ist, zeigen uns Daten der Organisation für wirtschaftliche Zusammenarbeit und Entwicklung (OECD): Während Österreicher rund 135 Minuten am Tag mit unbezahlter Arbeit verbringen, leisten Österreicherinnen rund 269 Minuten Arbeit ohne Bezahlung. Gleichzeitig verbringen Männer* 365 Minuten und Frauen* 249 Minuten in bezahlter Arbeit. Dabei zeigt sich auch: Frauen* in Österreich arbeiten täglich insgesamt rund 518 Minuten, das sind mehr als achteinhalb Stunden, Männer* arbeiten rund 500 Minuten und damit eine Viertelstunde weniger.

Für 73 Prozent ihrer gesamten Arbeitszeit werden Männer* allerdings bezahlt, Frauen* verdienen im Schnitt nur für 48 Prozent ihrer Arbeit Geld. Was die Zahlen ebenfalls zeigen: Männer* verbringen halb so viel Zeit in unbezahlter Arbeit wie Frauen*.

Ein ähnliches Bild ergibt sich übrigens in Deutschland. Dort verbringen Männer* in Summe 440 Minuten mit Arbeit pro Tag und Frauen* 447 Minuten. Gleichzeitig werden von den 440 Minuten der Männer* rund 35 Prozent nicht bezahlt und 65 Prozent bezahlt. Bei Frauen* liegt der Anteil an unbezahlter Arbeit bei 55 Prozent, jener an bezahlter Arbeit bei 45 Prozent.

## VERÄNDERUNGEN AM ARBEITSMARKT

Zu Missverständnissen führen beim bereinigten Pay Gap auch immer wieder die visualisierten Eurostat-Vergleiche innerhalb der EU. Österreich und Deutschland belegten in der Balkengrafik auch zuletzt wieder die unrühmlichen »hinteren« Plätze, gehören also zu jenen Staaten, deren Lohnschere höher ist als im EU-Schnitt. Die Darstellung eignet sich allerdings nicht dafür, daraus ein Ranking der geschlechtergerechtesten und ungerechtesten Staaten abzulesen. Vielmehr dient sie dazu, Veränderungen am Arbeitsmarkt über einen längeren Zeitraum hinweg aufzuzeigen. Bei den jüngsten Daten befindet sich Rumänien mit der geringsten Lohnlücke auf einem vermeintlich vorderen Platz. Das heißt aber nicht, dass Rumänien »gerechter« verteilen würde als Österreich oder Deutschland. Rumänien hat ein niedriges Lohnniveau, eine niedrige Erwerbsquote und eine geringe Frauen*erwerbsquote obendrein. Diese Umstände veranschaulichen schon – ohne in Analysen ausufern zu wollen –, warum die rumänische Lohnschere so gering ausfällt: Wenn Frauen* arbeiten, sind es vor allem die gut qualifizierten und vergleichsweise gut bezahlten.

Beim bereinigten Gender Pay Gap berücksichtigen Statistiker*innen hingegen geschlechtsspezifische Unterschiede im Berufsleben, indem sie strukturelle Verdienstunterschiede herausrechnen, die sich beispielsweise aufgrund von Karenzzeiten, der Branche, der Ausbildung, des Beschäftigungsausmaßes oder der Berufserfahrung ergeben. Diese Faktoren nennen Ökonom*innen den »erklärbaren« Teil des Gender Pay Gaps. Zieht man sie ab, ergeben sich Lohnlücken von rund sechs Prozent in Deutschland, in Österreich verdienen Frauen* demnach pro Stunde 14 Prozent weniger als Männer* und in der Schweiz rund sieben Prozent. Zusammengefasst: Der bereinigte Pay Gap ermöglicht Aussagen zur Höhe des Unterschieds bei Bruttostundenlöhnen von Frauen* und Männern* mit möglichst vergleichbaren Eigenschaften.

Welche Berechnungsart ist nun die »richtige«? Die Antwort: Alle genannten Zahlen haben ihre Berechtigung, sie basieren allerdings auf unterschiedlichen Blickwinkeln und zeigen unterschiedliche Lebensrealitäten auf.

Der bereinigte Pay Gap spiegelt Lohnunterschiede vor allem aufgrund von *sex* wider, dem biologischen Geschlecht. Beim unbereinigten kommt die Kombination mit *gender* zum Tragen, also dem sozial gelebten Geschlechterbild. Und um auf den eingangs angeführten Posting-Eintrag zurückzukommen, in dem sich ein User* Berechnungen mit statistisch schwer auffindbaren Zwillingen wünscht: Nur weil sich Pay Gaps um diverse Faktoren bereinigen, also zu einem Teil erklären lassen, werden sie nicht gerechter. Die niedrigeren Prozentangaben des bereinigten Pay Gaps ändern nichts daran, dass es trotzdem Frauen* sind, die in Karenz gehen, Teilzeitarbeit sowie mehrheitlich unbezahlte und geringer bezahlte Arbeit verrichten. Diese statistisch erfassbaren Lebensumstände sind Realität – und haben ökonomische Folgen.

## FAKTEN FAKTEN FAKTEN

--- Vergleicht man den Bruttostundenlohn, verdienen Frauen* im deutschsprachigen Raum im Schnitt um ein Fünftel weniger als Männer*.

--- Frauen* in Deutschland und Österreich verrichten mehr unbezahlte Arbeit pro Tag als bezahlte. Fast jede zweite berufstätige Frau* arbeitet in Teilzeit. Das ist mit ein Grund für den Gender Pay Gap. Denn der Bruttostundenlohn von Teilzeitarbeit fällt im Schnitt geringer aus als jener von Vollzeitarbeit. So sind Führungskräfte beispielsweise selten teilzeitbeschäftigt.

--- Weitere Gründe für die Lohnschere sind die teils unterschiedlichen Branchen, in denen Frauen* und Männer* arbeiten, die weiblich dominierten Karenzzeiten – und Faktoren, die sich sozioökonomisch nicht mehr erklären lassen: Ökonom*innen sprechen dann von einer Diskriminierung alleine aufgrund des Geschlechts.

# WIR

# KEINE

# FÜR DAS PODIUM

HABEN

FRAU

GEFUNDEN!

# »Wir haben keine Frau für das Podium gefunden!«

Absage erteilt von **Anne Roth** und **Mandy Schoßig**

Diskussion zum Dieselgate, Mai 2018, veranstaltet vom Wirtschaftsrat der deutschen Partei CDU – 100 Prozent Männer*, keine Frau* auf dem Podium. Future Mobility Summit, April 2018, organisiert von der deutschen Zeitung Tagesspiegel und anderen – 86 Prozent Männer*, 14 Prozent Frauen* auf den Panels der zweitägigen Veranstaltung. 16. Deutscher Verbändekongress, März 2018 – 90 Prozent Männer*, sieben der 67 sprechenden Personen sind Frauen*. Drei zufällig ausgewählte Veranstaltungen, ein Bild. Die Panels von Kongressen, Messen, Diskussionsveranstaltungen und anderen Foren sind männlich geprägt. Frauen* sind zum Teil deutlich in der Unterzahl, häufig sogar nur in der Rolle der Moderatorin auf der Bühne präsent. Expertinnen zahlreicher Wissensrichtungen kommen einfach nicht vor. Ob in den vormals klassisch männlichen Domänen wie der Automobilindustrie, der Astrophysik oder Medizin, aber auch in vermeintlich weiblichen Berufsfeldern wie der Pädagogik oder der Medienbranche – selbst wenn im Publikum zu 80 Prozent Frauen* sitzen, auf dem Podium dominiert das männliche Geschlecht die Diskussion.

## FAKT: FRAUEN SIND UNTERREPRÄSENTIERT

Dass das kein »gefühltes Bild« ist, zeigt etwa die Plattform »50prozent.speakerinnen.org«, auf der Engagierte die Redner*innen verschiedenster Veranstaltungen zählen und in eine offen zugängliche Datenbank eintragen. Das Gesamtbild aus bislang über 500 gezählten Veranstaltungen: 74 Prozent, also drei Viertel der insgesamt 25.346 Vortragenden waren Männer* und nur 26 Prozent, oder anders gesagt, lediglich ein Viertel waren Frauen*. Die Zahlen sind zwar nicht repräsentativ, denn die Zähler*innen wählen die Veranstaltungen selbst aus und die gezählten Besetzungen sind nur ein winziger Ausschnitt aus der Vielzahl öffentlicher Veranstaltungen in Deutschland und einigen anderen Ländern. Und doch zeichnen die Daten die gesellschaftliche Realität nach. Die Datenbank dokumentiert, wie unterrepräsentiert Frauen* bei öffentlichen Veranstaltungen sind.

Nun könnte gesagt werden, dass Veranstaltungen einfach die gesellschaftliche Realität abbilden – denn sieht es in Fernsehserien oder Talkshows, in der Politik oder Wissenschaft anders aus? Spätestens, als Anfang 2018 das Bild von Horst Seehofers Bundesministerium des Inneren, für Bau und Heimat mit neun Männern* an der politischen Spitze durch die (sozialen) Medien ging, wurde einmal mehr deutlich, dass Frauen* noch immer weit entfernt von der Hälfte der politischen Teilhabe und damit der gesellschaftlichen Macht sind. Denn obwohl die Hälfte der Absolvent*innen deutscher Universitäten Frauen* sind, in Österreich sogar 60 Prozent, sind diese Jahrgänge später mit weniger als 20 Prozent in den Aufsichtsratspositionen und weniger als zehn Prozent in den Vorstands- und Topmanagementpositionen vertreten *(siehe auch* »FRAUEN* WOLLEN GAR NICHT IN FÜHRUNGSPOSITIONEN!« *und* »QUALITÄT STATT QUOTE!«*).*

## »LEIDER KEINE FRAU* GEFUNDEN«

So ist es kein Wunder, dass Veranstalter*innen auf die Frage nach den Frauen* auf ihren Podien mit den immer gleichen Argumenten antworten: Wir wollen Führungspersonen auf dem Podium, und da haben wir zu Thema X keine Frauen* gefunden.

Oder: Wir haben auch Frauen* angefragt, aber die haben uns alle abgesagt. Oder sogar: Die Frauen*, die wir angefragt haben, empfahlen einen Kollegen oder ihren Chef, weil der besser passe. Das gehe auch den Redakteur*innen von Talkshows so, berichtet NDR-Fernsehjournalistin Anne Will im Gespräch mit Google-News-Lab-Leiterin Isabelle Sonnenfeld auf der re:publica 2018. Frauen* seien zögerlicher mit Zusagen, fragten häufiger nach, wie man denn »ausgerechnet auf sie gekommen sei« und ob man wirklich glaube, dass sie die Richtige für die Show, das Podium, die Diskussionsrunde sei. Vor allem in die Falle der »Hochrangigkeit« gingen Medienschaffende dabei häufig: Prominenz spiele die zentrale Rolle für die Einschaltquoten. Deshalb könne man häufig weniger Frauen überhaupt anfragen, da die Spitzen von Ministerien, Verbänden, Universitäten und sogar NGOs mit Männern* besetzt seien. Die gesellschaftlichen Machtverhältnisse lassen sich sicher nicht auf den Bühnen des Landes ändern, und doch können Veranstalter*innen mehr tun. Am Anfang könnte dabei ein Bekenntnis stehen: Wir wollen, dass unsere Podien zur Hälfte mit Frauen* besetzt sind!

Mit dieser Grundeinstellung macht man sich als Veranstalter*in ganz anders auf die Suche, sagt Nadin Schildhauer von newthinking im Speakerinnen*-Blog. Dazu muss man sich zunächst einmal breiter im Themenfeld umsehen – also eben nicht nur wieder die gleichen Personen einladen, die vergangenen Monat schon auf der verwandten Konferenz gesprochen haben. Und vor allem nicht nur in den eigenen Netzwerken suchen, nicht die Menschen (Männer*) ansprechen, die einem zuerst zum Thema einfallen, sondern den Blick nach außen richten. Sonst reproduzieren sich die ewig gleichen Panel-Teilnehmer* in den Veranstaltungsprogrammen, neue (weibliche) Gesichter haben keine Chance.

## ES HILFT, SICH ZU FORMIEREN

Bei der Recherche hilft der Kontakt zu Netzwerken, in denen Frauen* verschiedener Branchen organisiert sind wie der Juristinnen*bund, die Digital Media Women oder der Verband Deutscher Unternehmerinnen* – um nur einige zu nennen. Für die branchen- und themenübergreifende Suche nach Expertinnen* lohnt die Suche bei Speakerinnen.org, der Online-Datenbank für weibliche Konferenzsprecherinnen*. Hier können sich Frauen* mit ihren Kompetenzen und Erfahrungen kostenlos registrieren, umso leichter von Eventorganistor*innen gefunden zu werden. Maren Heltsche, Anja R., Anne Roth und weitere Frauen* haben die Plattform 2015 gestartet, mit dem Ziel, Frauen* in ihrem professionellen Umfeld sichtbarer zu machen – als Expertinnen* auf Panels, Sprecherinnen* auf Bühnen, als Moderatorinnen* und in vielen weiteren Rollen. Mittlerweile sind mehr als 2000 Frauen* bei Speakerinnen.org angemeldet. Die Bandbreite ihrer Expertise ist riesig.

Ob E-Learning, Netzpolitik, Industrie 4.0 oder Biotechnologie – Speakerinnen.org zeigt, dass es Frauen* in allen Feldern gibt, die bereit sind, auf der Bühne zu sprechen, und dass Ausrede Nummer eins, »Wir haben keine Frau* gefunden!«, keine mehr sein darf. Solche Plattformen gibt es auch in anderen Ländern.

Auch auf Ausrede Nummer zwei, »Alle angefragten Frauen* haben abgesagt«, lohnt ein genauerer Blick. Warum sagen Frauen* ab?

*Erste These:* Weil sie sich nicht zutrauen, öffentlich zu sprechen oder nicht denken, dass sie etwas zu sagen haben. In diesem Fall sollten Veranstalter*innen dranbleiben, Überzeugungsarbeit leisten und erklären, warum die Angefragte genau die Richtige ist – und eben nicht der Chef und nicht der Kollege. Sie zu überzeugen, selbst die Einladung anzunehmen, ist vielleicht etwas aufwändig, lohnt aber für eine vielseitige Diskussion später auf dem Panel.

*Zweite These:* Weil die Veranstaltung nicht zur Lebenswirklichkeit von Frauen* passt. Gerade Frauen* müssen sich oft gut überlegen, ob sie in einem Alltag, in dem Kinder, Haushalt und andere Pflegetätigkeiten viel Zeit beanspruchen und sie für ihre Arbeit oft schlechter bezahlt werden, zusätzliche Zeit für einen Vortrag investieren können und wollen. Wenn sie absagen, hat das also häufig nichts mit mangelndem Selbstbewusstsein, sondern mit durchgetaktetem Zeitmanagement zu tun. Auch deshalb fahren Frauen* mit kleinen Kindern nicht mal eben und am besten noch kurzfristig auf eine zweitägige Konferenz nach Lissabon. Sie müssen unheimlich viel organisieren, um einen Vortrag am Abend überhaupt möglich zu machen. Das gilt übrigens zunehmend auch für familienengagierte Männer*. Sie können es sich oft schlicht nicht leisten, eine Keynote ohne Honorar zu halten und dafür auch noch auf eigene Kosten anzureisen. Auch hier können Eventorganisationen mehr tun. Sie sollten Redner*innen rechtzeitig anfragen, können Unterstützung bei der Kinderbetreuung anbieten und zeitlich flexibel bei der Programmgestaltung sein. Nicht zuletzt sollten sie Sprecher*innen, vor allem Freiberufler*innen, von vornherein ein Honorar anbieten, das auch die Vorbereitungszeit und Reisekosten berücksichtigt. Und Frauen* sollten umgekehrt danach fragen und unbedingt um ein angemessenes Honorar verhandeln.

Und *These drei* wäre: Sagen wirklich so viele Frauen* ab? Oder stehen ein paar wenige Absagen von Frauen* quasi pars pro toto für alle? Und werden diese Erfahrungen als gefühlte Wahrnehmung nicht auch immer wieder perpetuiert? Hier würde ein neues Zählwerk Sinn machen.

## SOLIDARITÄT VON MÄNNERN* IST WERTVOLL

Ein letzter Punkt, der zu einer fairen Geschlechterverteilung auf Podien beitragen kann und muss: die Auseinandersetzung von Männern* mit diesem Thema. Inzwischen gibt es einige Initiativen von Männern*, die die Teilnahme an Diskussionsrunden ablehnen, die nicht mindestens zur Hälfte mit Frauen* besetzt sind.

Dirk von Gehlen und Robert Franken, die in Deutschland die Aktion #menforequality gestartet haben, sind davon überzeugt, dass gesellschaftliche Veränderungen nur gemeinsam bewirkt werden können und dass alle davon profitieren, wenn nicht immer nur die Meinung der einen Hälfte der Menschheit öffentlich sichtbar ist. Ihren Aufruf unterzeichneten etwa 30 bekannte Sprecher* in Deutschland. Die (internationale) Liste der Unterstützer wächst.

Auch die britische Wirtschaftszeitung Financial Times und die US-amerikanische Nachrichtenagentur Bloomberg haben sogenannte »No-Manels«-Initiativen gestartet: Keine ihrer männlichen Journalisten nehmen an Podien teil, solange nicht auch mindestens eine Frau* in der Runde sitzt. Dies sind bislang nur vereinzelte Initiativen, von denen wir mehr brauchen.

Einige Veranstaltungsbeispiele wie die re:publica oder die Codemotion zeigen, dass ein ausgewogenes Geschlechterbild auf der Bühne möglich ist.

Sie befördern damit fairere, aber auch spannendere Diskussionen, die verschiedene Blickwinkel einbeziehen. Natürlich muss sich für echte Geschlechtergerechtigkeit in unserer Gesellschaft mehr ändern als nur die Besetzung des nächsten Ärztekongresses – aber ein Anfang wäre damit sicher gemacht.

## FÜNF ZITATE VON FRAUEN, DIE SPUREN HINTERLASSEN HABEN

**Simone de Beauvoir, 1949**

--- On ne naît pas femme: on le devient! ---

**Michelle Obama, 2016**

--- When they go low, we go high! ---

**Chimamanda Ngozi Adichie, 2012**

--- We teach girls shame. Close your legs, cover yourself, we make them feel as though by being born female they're already guilty of something. And so girls grow up to be women who cannot say they have desire. They grow up to be women who silence themselves. They grow up to be women who cannot say what they truly think. And they grow up – and this is the worst thing we do to girls – they grow up to be women who have turned pretense into an art form. ---

**Hillary Clinton, 1995**

--- Women's rights are human rights once and for all. ---

**Rosa Parks, 1955**

--- No. ---

MITTLERWEILE

MÄN

DISKRIM

WERDEN

WER

NIER1!

# »Mittlerweile werden Männer diskriminiert!«

Bullshit disqualifiziert durch **Romeo Bissuti**

Hat Feminismus tatsächlich die Benachteiligung von Männern* zum Ziel? Geht es darum, Frauen* mächtiger als Männer* zu machen? Werden mittlerweile Männer* diskriminiert? In solchen Aussagen versteckt sich implizit oder explizit ein grundlegendes Missverständnis. Denn ihnen gegenüber steht – bei aller Breite und Vielfalt feministischer Ansätze und Strömungen – ein gemeinsamer, feministischer Nenner: der der Gleichwertigkeit und Gleichberechtigung. Die österreichische Ex-Frauenministerin Johanna Dohnal hat ihn 2004 auf den Punkt gebracht: »Die Vision des Feminismus ist nicht eine ›weibliche Zukunft‹. Es ist eine menschliche Zukunft. Ohne Rollenzwänge, ohne Macht- und Gewaltverhältnisse, ohne Männerbündelei und Weiblichkeitswahn.« Das Ziel ist also Gleichberechtigung aller Menschen – und keine Machtumkehr.

Behauptungen, wonach Männer* durch feministische Politiken diskriminiert würden, dienen häufig dazu, Benachteiligungen von Frauen* zu leugnen und Tatsachen auf den Kopf zu stellen, etwa um einen »überzogenen Feminismus« anzuprangern – und vorherrschende Machtverhältnisse abzusichern.

## »KRISE DES MANNES«

Im Umgang mit solchen Thesen lohnt sich ein Blick auf die emanzipatorische Männer*arbeit: Sie berücksichtigt die Privilegien von Männern*, beschäftigt sich mit der Diversität von Männlichkeitsbildern und nimmt die Nachteile, die Männer* durch dominante Männlichkeitsvorstellungen haben, ins Visier. Das Argument der »diskriminierten Männer*« könnte sich etwa darauf beziehen, dass in den Medien in den vergangenen Jahren wiederholt eine »Krise des Mannes*« konstatiert wurde: So werden Buben* beispielsweise immer wieder als Bildungsverlierer in der Schule dargestellt. Schuld daran soll – glaubt man etwa Stammtischen und Onlineblogs – die »Feminisierung« der Bildung sein, also die in den letzten Jahrzehnten stark gestiegene Anzahl weiblicher Lehrkräfte in Schulen. Das angebliche Problem dabei: Weibliche Lehrkräfte seien nicht in der Lage, Bedürfnisse von Jungen* adäquat zu erfüllen. Zahlreiche Studien haben das aber mittlerweile widerlegt. Sie zeigen unter anderem, dass weniger die Schulen selbst als vielmehr soziale und kulturelle Umstände beispielsweise die Lesemotivation von Schüler*innen und damit die Leseleistung beeinflussen. Sozial- und Kommunikationswissenschaftler Marcel Helbig ist nur einer, der sich mit dieser Frage kritisch auseinandergesetzt hat.

Es ist offensichtlich, dass hinter einer solchen Argumentation sehr vereinfachende und stereotype Bilder von »Männlichkeit« und »Weiblichkeit« stecken, die komplexe gesellschaftliche Zusammenhänge nicht zulassen. Die Soziologinnen Nadja Bergmann und Elli Scambor sowie der Psychologe Christian Scambor sind der Frage nachgegangen, inwiefern solche Aussagen zu den Bildungskarrieren von Jungen* empirisch der Wahrheit entsprechen. Die Analyse internationaler Befunde zu Schulabbrecher*innen zeigt: Die Unterschiede innerhalb der Gruppe der Jungen* sind größer als die Unterschiede zwischen den Geschlechtern.

Es sind vor allem Jungen* aus sozial benachteiligten und Familien mit einem niedrigeren Bildungshintergrund, die am stärksten von einem frühen Ausscheiden aus der Schule betroffen sind. Dieses Phänomen ist übrigens auch bei Mädchen* zu beobachten, allerdings weniger stark ausgeprägt. Wie lässt sich das erklären? Kommt die behauptete »Feminisierung« der Bildung doch Mädchen* zugute? Mitnichten. Denn der Grund, weshalb diese Buben* so früh aus dem Bildungssystem ausscheiden, hat mit Männlichkeitspraktiken zu tun.

So kann es gerade in bildungsferneren Gruppen akzeptiert sein, eine privilegierte »Männlichkeit« zu beweisen, indem man schulische Erfolge vernachlässigt. Auffälliges Verhalten, Störaktionen und Provokationen können Mittel sein, um »Männlichkeit« zu leben. Der Sozial- und Kulturwissenschaftler Stefan Wellgraf hat unter anderem die Lebensbedingungen von Jugendlichen an Berliner Hauptschulen untersucht und eine Protesthaltung von Schülern festgestellt: In einer Verflechtung aus Frust, Demütigung und Zukunftsängsten richtet sich diese gegen ihre erlebte gesellschaftliche Ausgrenzung – etwa aufgrund ihrer sozialen Klasse oder ihrer Herkunft.

Die Auswirkungen von Männlichkeitsbildern sind grundsätzlich ambivalent. Die Inszenierungen von Grenzüberschreitung, Durchsetzungsvermögen oder Dominanz, die dafür sorgt, dass Männern* auf vielen Schauplätzen und Bühnen mehr Kompetenz zugesprochen und damit etwa ein besseres Gehalt ermöglicht wird, sorgen zugleich für erhöhte psychosoziale Risiken. Neben einer möglichen geringeren Leistungsbereitschaft in der Schule und damit einhergehenden schlechteren Noten ist die Zahl der jährlichen Selbsttötungen bei Männern* wesentlich höher als bei Frauen. Männer* neigen öfter dazu zu verunfallen, alkoholkrank zu werden, im Gefängnis zu landen oder in die sichtbare Wohnungslosigkeit zu rutschen.

Kurzum: Dominante Vorstellungen von Männlichkeit bringen nicht nur die Chancen auf Privilegien mit sich, sondern auch das Risiko hoher persönlicher Kosten. Eigene Privilegien spürt man meist erst, wenn man sie verliert. Die eigenen Vorteile und Ansprüche zu hinterfragen bzw. sie zugunsten anderer zu teilen ist jedenfalls etwas anderes als Benachteiligung.

## VON GEWALT BETROFFENE JUNGE MÄNNER*

Warum fühlen sich manche Männer* dennoch durch feministische Forderungen angegriffen oder gar bereits diskriminiert? Der Sozialwissenschaftler Hans-Joachim Lenz hat sich intensiv mit männlichen Opfererfahrungen auseinandergesetzt. Vorherrschende Männlichkeitsbilder sorgten laut seiner Analyse dafür, dass sowohl die Rivalität zwischen Geschlechtsgenossen als auch die dazugehörenden Demütigungen, Niederlagen und Unterlegenheitserfahrungen zum Aufwachsen und alltäglichen Leben von Jungen* und Männern* gehört. Man(n) schluckt hinunter, versucht sich anzupassen und entwickelt Strategien, um nicht als schwach, als »Weichei« oder »Warmduscher« zu gelten. So sind

Untersuchungen zufolge etwa sehr viele Männer*, vor allem im Alter zwischen 16 und 25 Jahren, von körperlicher Gewalt durch andere Männer* betroffen.

Gemäß den klassischen Männlichkeitsvorstellungen fühlen sich die Betroffenen aber selbst oft nicht als Opfer, sondern vielmehr als Versager oder Verlierer, weil sie sich nicht gut genug gewehrt haben oder möglicherweise selbst nicht aggressiv genug aufgetreten sind. Das verhindert in der Folge, dass sich Betroffene, die die eigene menschliche Verletzlichkeit verleugnen, rechtzeitig angemessene Hilfe holen.

## FEMINISMUS IST EIN STARKER BÜNDNISPARTNER

Zugespitzt lässt sich die Stammtischphrase »Mittlerweile werden Männer* diskriminiert!« auch so kommentieren: Ja, Männer* wurden immer schon benachteiligt – und zwar durch andere Männer*. Etwa dann, wenn man(n) scheinbar nicht aggressiv, stark, nicht ausreichend technisch begabt oder nicht heterosexuell genug war oder ist. Schädliche Männlichkeitsbilder bringen von Gewalt Betroffene zum Schweigen.

Es ist höchste Zeit, dass sich Männer* von Maskulinitätszwängen emanzipieren und die Chancen, die die Gleichberechtigung für sie bereithält, erkennen und solidarisch mit erkämpfen. Studien wie jene des Soziologen Carsten Wippermann und des Medienwissenschaftlers Marc Calmbach zeigen, dass die Mehrheit der Männer* in Deutschland eine klare gleichstellungsorientierte Einstellung vertreten würden. Dabei steht eine gesellschaftliche

Veränderung mit der Veränderung von Frauen*rollen in einem engen Zusammenhang.

Die Gefahr bleibt dennoch bestehen, dass Männer* emanzipatorische Umbrüche weiter als Hürden sehen, die ihnen den Zugang zu Dingen verwehren könnten, von denen sie meinen, dass sie ihnen zustehen. Deshalb dürfte es künftig wichtig sein, sich auch männlichen Veränderungswünschen zu stellen, um Stammtischparolen wie »Mittlerweile werden Männer* diskriminiert!« weniger Raum zu geben. Dafür braucht es Räume der Verständigung und Mitteilung, in denen Männer* offen und ohne Scham über Belastungen, Probleme und Sichtweisen reden können und gehört werden. Feministische Bewegungen sind dafür starke Bündnispartner*innen – und keine Opposition.

## GANZ GRUNDSÄTZLICH

--- Ziel des Feminismus ist die Abschaffung von Diskriminierung im Sinne der Gleichberechtigung aller Menschen – und nicht die Vormachtstellung eines Geschlechts über ein anderes. Feminismus will eine grundlegende Veränderung des gesellschaftlichen Normen- und Wertesystems. Er will einen Machtausgleich, keine Machtumkehr.

--- Das Infragestellen männlicher Privilegien ist noch keine Diskriminierung.

--- Feministische Bewegungen sind Bündnispartner*innen für alle Geschlechter, nicht Opposition.

KARRIERE

RABE

MU

eile

–

ter!

# »Karrieregeile Rabenmutter!«

Bullshit gekontert von **Bettina Zehetner**

Rabeneltern sind tatsächlich fürsorgliche Eltern, die sich die Fütterungsarbeit der Küken partnerschaftlich teilen. Anders beim Menschen: Da soll eine Mutter* die Kinder betreuen, versorgen, pflegen, erziehen, trösten, mit ihnen lernen, rund um die Uhr für sie da sein und am besten noch Erholungsgebiet für den tagsüber draußen in der Welt tätigen Mann* sein. »Du vernachlässigst mich!«, lautet ein häufiger Vorwurf von Partnern*, die die Zuwendung ihrer Frauen* nicht teilen wollen und sich durch eigene Kinder aus dem Nest verstoßen fühlen. Eine Mutter* hat selbstlos ihre eigenen Bedürfnisse zurückzustellen, nie wütend zu sein, ewig nährend und gewährend, bedingungslos liebe- und verständnisvoll. Sie hat nichts für sich zu wollen, schon gar keine Karriere, die sie womöglich einem fraglos viel qualifizierteren Mann* wegnehmen würde, der ja seine Familie ernähren muss. Frauen* sollen Männer* unterstützen, nicht in Konkurrenz mit ihnen treten. Frauen* sollen gefühlsbetont und fürsorglich sein, sie sollen beziehungsorientiert und an den Bedürfnissen anderer ausgerichtet sein. Andernfalls könnten sie als Rabenmütter in Verruf geraten.

## UNSERE ROLLENVERTEILUNG FÜHRT ZU ARMUT

Wir leben als Gesellschaft in widersprüchlichen Verhältnissen: Oft ist die Rede davon, dass Frauen* und Männer* längst gleichberechtigt seien, verleugnen dabei aber die Lohnschere, unbezahlte Sorgearbeit (Care-Work) oder auch Gewaltverhältnisse. Suggeriert wird damit eine Pseudofreiheit, obwohl traditionelle Rollenanforderungen weiterhin gelten und Druck machen: Die Soziologin Angelika Wetterer nennt das die »rhetorische Modernisierung«, also eine bloß rhetorische Gleichheit bei fortbestehender Ungleichheitspraxis. Wir reden anders, als wir handeln: Die Aussage »Mein Mann* hilft eh mit« ist eine völlig andere als »Wir teilen uns unsere Hausarbeit«.

Gut bezahlte und unbezahlte Arbeit ist nach wie vor sehr ungleich zwischen Frauen* und Männern* verteilt. So ist die Teilzeitarbeit im EU-Schnitt stark weiblich dominiert *(siehe auch* »FRAUEN WOLLEN JA GAR NICHT IN FÜHRUNGSPOSITIONEN!«*)*. Und solange klar ist, dass die Frauen* in Karenz gehen, wird sich weder an der Lohnschere noch an der gläsernen Decke viel ändern. Auch hier werden Frauen* gerne mit einer Doppelbotschaft ruhiggestellt: Ein geringeres Gehalt als der männliche Kollege mit demselben Aufgabenbereich wird gerechtfertigt mit dem zynischen Satz, sie hätte halt weniger gut verhandelt *(siehe auch* »ALLE TÜREN STEHEN EUCH OFFEN – WAS WOLLT IHR DENN NOCH?«*)*. Tatsache ist: An Frauen* werden heute neue Ansprüche gestellt – etwa die unbedingte Flexibilität am Arbeitsmarkt, die Pflicht zur eigenständigen Existenzsicherung bis hin zur privaten Pensionsvorsorge –, während die alten Ansprüche der Hauptverantwortung für Haus- und Sorgearbeit weiterhin gelten. Laut Zeitverwendungsstudien leisten

Mütter* von Kleinkindern doppelt bis dreimal so viel unbezahlte Arbeit wie Väter*. Die klassische Rollenverteilung hat somit für beide Geschlechter noch sehr viel Gewicht. Ein Gewicht, das sich auf die finanzielle Absicherung und die Karrieren von Frauen* deutlich negativ auswirkt und für viele Alleinerzieherinnen* und Pensionistinnen* in die Armut führt. Das Private ist also durch und durch politisch.

Im Gefasel über die angeblich so tolle »Wahlfreiheit«, entweder zuhause bei den Kindern zu bleiben oder berufstätig zu sein, schweigen wir über das Armutsrisiko, das das »Zuhausebleiben« langfristig bedeutet – abgesehen vom Machtgefälle in der Beziehung, da doch derjenige, der bezahlt, meist auch anschaffen will und die Anerkennung für Sorgearbeit gering bis nicht vorhanden ist. Es ist zu hoffen, dass etwa die Vorarlberger »Herdprämie«, die Frauen* dafür belohnt, wenn sie keinen Kindergartenplatz in Anspruch nehmen, kein Erfolg wird.

»In jeder Geste steckt die ganze Gesellschaft«, kommentiert der Soziologe Jean-Claude Kaufmann etwa das Wäschewaschen, das viele Männer* in jenem Augenblick verlernen, in dem sie mit ihrer Partnerin* in eine gemeinsame Wohnung ziehen. Das Zusammenziehen fördert ein Zurückfallen in traditionelle Weiblichkeits- und Männlichkeitsnormen. Die Ausrede: »Sie kann das eben besser, das mit der Wäsche.« Unbezahlte Sorgearbeit betrachten beide Geschlechter häufig als »Liebesdienst«, eine Falle, die für Frauen* besonders nach Trennungen eine eigenständige Existenzsicherung erschwert. Reine Lebensgefährt*innen außerhalb der Ehe oder außerhalb von eingetragenen Partnerschaften haben übrigens derzeit keinen Unterhaltsanspruch von ihren Partner*innen.

Übrigens: Es »ergibt« sich nicht einfach, dass die Mutter* beim Kind zuhause bleibt und den Vater* von seiner Sorgearbeit entlastet. Diese Entscheidung sollte bewusst getroffen werden. Gleiche Rechte bedeuten auch gleiche Pflichten: Mutter* und Vater* sind somit zu gleichen Teilen verantwortlich für die Kinderbetreuung. Sinnvoll ist hier, von »Elternteil« zu sprechen, damit sich keine geschlechtsspezifischen Stereotype einschleichen. Eine Herausforderung bleibt dennoch die Verinnerlichung gesellschaftlicher Anforderungen und Idealbilder: »Ich will eine gute Mutter* sein, ich will entsprechen, genügen, ›normal‹ sein, eine ›richtige Frau*‹ sein, funktionieren.« Die Disziplinierung von außen ist dabei oft gar nicht mehr nötig – auch wenn Kindergärten nach wie vor meist die Telefonnummern der Mütter wählen. Wir haben diese Zwänge schon verinnerlicht und streben nach permanenter Selbstoptimierung: Wir sind unsere strengsten Richterinnen* und Antreiberinnen*. Dabei können sich die eigenständige wirtschaftliche Absicherung, berufliche Karriere, Selbstverwirklichung und gesellschaftliche Schönheitsstandards gleichzeitig nicht ausgehen. Erschöpfung ist die Folge. Das »unternehmerische Selbst« beutet sich selbst aus, die »Powerfrau, die alles schafft« ist eine Illusion, die uns im Hamsterrad strampeln lässt.

Dieses schmerzhafte Gefühl, nie gut genug zu sein, ist in der Frauen*beratung häufig Thema. Den vielen einander widersprechenden Anforderungen gerecht werden zu wollen, kann krank machen. In der emanzipatorischen Beratung kommt es deshalb darauf an, Anforderungen in Frage zu stellen, anstatt allen Normen zu entsprechen und reibungslos funktionieren zu wollen. Wichtig ist, eine eigene Haltung gegenüber diesen Ansprüchen zu entwickeln und das eigene Leben möglichst selbstbestimmt zu gestalten. Feministische Beratung kann dabei unterstützen, Frauen* dazu zu ermutigen, den enormen Druck, den das utopische Ideal »gute und glückliche Mutter*« verursacht, zur Sprache zu bringen.

Dennoch bewerten wir gesellschaftlich dasselbe Verhalten von Männern* und Frauen* unterschiedlich: Ein Mann*, der seine Karriere verfolgt, gilt nicht als Rabenvater, sondern als normal. Er bekommt Anerkennung. Niemand fragt, wer bei ihm zuhause das kranke Kind betreut. Während Männern* »rationale Argumentation« zugeschrieben wird, gelten Frauen*, die analytisch vorgehen, schnell als »kalt«. Wo ein Mann* zielstrebig und durchsetzungsstark agiert, wird einer Frau* »Aggressivität« attestiert.

**WIE ERKENNE ICH EINE RABENMUTTER?**

| | | |
|---|---|---|
| Weiblich? | ja | nein |
| Hat Kinder? | ja | nein |
| Rabe? | ja | nein |

Wenn Sie alle drei Fragen mit »Ja« beantworten können, haben Sie es vermutlich mit einer Rabenmutter zu tun.

Selbstbewusstes Auftreten wirkt bei Frauen* »bossy«, eine laute Stimme »penetrant«. Ein Mann* »kritisiert«, eine Frau* »keift«. Konflikte zwischen Frauen* werden verächtlich zum »Zickenkrieg« erklärt, für den es ebensowenig ein begriffliches Pendant für den Streit unter Männern* gibt. Eine Mutter* kann es in diesem stereotypen Schema nur falsch machen. Die Alternative zur Rabenmutter wäre zudem die überfürsorgliche Glucke, die Helikoptermutter, die ihre Kinder erstickt, weil sie kein eigenes Leben hat. In diesem Sinne: Ist der Ruf erst ruiniert, lebt es sich ganz ungeniert.

## DREI FAKTEN ÜBER RABENMÜTTER

--- Rabenjunge sind Nesthocker. Sie schlüpfen als nackte, hilflose Wesen und brauchen die Unterstützung ihrer tendenziell monogamen Eltern, die meist lebenslange Brutpaare bilden und den Nachwuchs füttern, wärmen und vor Feinden schützen. Rabeneltern kümmern sich intensiv um ihre Jungen.

--- Vermutlich bezieht sich der Ausdruck »Rabenmutter« auf die Beobachtung, dass Raben das Nest verlassen, noch bevor sie fliegen können und in diesem Stadium dementsprechend verloren, orientierungslos und auf sich alleine gestellt wirken. Tatsächlich verlassen Raben aber selbstständig das elterliche Nest und werden nicht von den Eltern »vor das Nest gesetzt«.

--- Der Begriff *Rabenmutter* wurde im deutschen Sprachraum geprägt und findet in den meisten anderen Sprachen keine wörtliche Entsprechung. Zwar kennt man in Mexiko beispielsweise Mama Cuervo (*wörtlich: Mama Rabe*). Damit ist allerdings eine liebevolle Mutter gemeint, die in ihren Kindern nur das Gute sieht, obwohl das vielleicht nicht immer der Realität entsprechen mag.

ICH

HUMA

N ICH

FEMIN

SIN FÜR

SMUS,

T

SMUS!

# »Ich bin für Humanismus, nicht Feminismus!«

Bullshit aufgeklärt von **Laura Wiesböck**

Feminist*innen sind unbeliebt, weil unbequem. Selbst Frauen*, die nach emanzipierten Grundsätzen leben und sich für Geschlechtergerechtigkeit einsetzen, gehen zögerlich mit dieser Selbstbezeichnung um. So sieht sich Schauspielerin Demi Moore als Unterstützerin von Frauenanliegen, zeigt aber Scheu vor dem Bekenntnis zur Feministin: »I am a great supporter of women, but I have never really thought of myself as a feminist, probably more of a humanist because I feel like that's really where we need to be.« Oscar-Preisträgerin Meryl Streep, die sich für Gleichberechtigung in Hollywood einsetzt, antwortet auf die Frage, ob sie Feminist*in sei: »I am a humanist, I am for nice, easy balance.« Selbst Sängerin Madonna, die für den selbstbestimmten Umgang mit ihrer Sexualität von Feminist*innen als Avantgardist*in gefeiert wurde, betont: »I'm not a feminist, I'm a humanist.« Warum die Aussage »Ich bin für Humanismus, nicht Feminismus!« Bullshit ist? Zuallererst müssen wir wissen, wovon wir sprechen. Was bedeuten Humanismus und Feminismus eigentlich?

## FEMINISMUS IST EINE POLITISCHE BEWEGUNG

Humanismus bezieht sich primär auf eine philosophische Geisteshaltung, nicht darauf, konkrete politische, rechtliche oder pädagogische Maßnahmen gegen Ungleichbehandlung zu entwickeln. Humanist*innen fordern Freiheit, Solidarität und Gerechtigkeit, gewährleisten aber keine individuellen Rechtsansprüche auf Diskriminierungsschutz. Um das besser verstehen zu können, müssen wir einen Blick ins Mittelalter werfen. Damals hat sich die Gesellschaft an christlichen und biblischen Werten orientiert. Die Schöpfungsgeschichte diente als Grundlage der Weltanschauung. Im Zentrum stand die Religion, das Individuum spielte kaum eine Rolle. Der Humanismus war eine Gegenbewegung dazu, die sich von diesem Weltbild abwendet. Er lehnt die Idee von übernatürlichen Kräften ab und orientiert sich an einem rationalen Weltbild. Nicht Gott, sondern der Mensch als Individuum soll im Mittelpunkt stehen. Zentral sind die Menschenwürde, die Möglichkeit, sich zu bilden und die eigene Persönlichkeit selbstbestimmt zu entwickeln. Der Humanismus ist also eine Weltanschauung, die sich an wissenschaftlichen Methoden orientiert, statt an traditionellen Kräften wie z. B. der Religion.

## HUMANISMUS BLEIBT THEORETISCH

Wer sich von dieser historischen Betrachtungsweise ausgehend »echte« Humanisten ansieht, merkt schnell, dass diese keine Menschenrechtsaktivist*innen waren, sondern strebsame Latein-Nerds, deren Ziel es war, sich zu profilieren und durch hohe sprachliche Ausdrucksfähigkeit abzugrenzen. Mit Erasmus von

Rotterdam, einem bekannten niederländischen Humanisten, konnte man bestimmt hervorragend Diskussionszirkel gründen oder antike Schriften übersetzen, aber die konkrete politische Durchsetzung von Gleichberechtigung war nicht auf seiner Agenda. Obwohl moderne Humanist*innen politisch aktiv sein können, beinhaltet der Begriff Humanismus nicht den Anspruch sozialen Engagements, wie es beim Feminismus der Fall ist. Das aktivistische Streben nach gelebter Gleichberechtigung mit Humanismus gleichzusetzen, ist also problematisch, weil der Begriff für eine eigene philosophische Tradition steht. Das bedeutet: Humanismus bleibt grundsätzlich theoretisch. Er fordert zwar die freie Entfaltung der menschlichen Persönlichkeit, setzt aber keine konkreten politischen Maßnahmen gegen Diskriminierung. Deshalb brauchen wir Feminismus.

Die Phrase »Ich möchte nicht nur, dass Frauen* und Männer* gleichberechtigt sind, sondern alle Menschen« klingt prinzipiell gut. Aber wie soll dieser Anspruch in der Praxis umgesetzt werden, ohne die konkreten Probleme zu suchen, zu benennen und Lösungen zu erarbeiten? Es reicht nicht aus, »Menschen« als Abstraktion zu unterstützen. In unserer Gesellschaft leben verschiedene Gruppen unter verschiedenen Bedingungen mit unterschiedlichen Körpern, Erfahrungen und Bedürfnissen. Sie sind mit unterschiedlichen Entscheidungssituationen konfrontiert, mit verschiedenen Arten von Bedrohungen und Konflikten. Sie haben unterschiedliche Teilhabemöglichkeiten in Bereichen wie Wirtschaft, Politik oder Familie. Manchen wird zu Unrecht der gleichberechtigte Zugang verweigert. In der Gesetzgebung ist Gleichberechtigung in vielen Bereichen verankert. Feminismus weist aber darauf hin, dass es einen Konflikt gibt zwischen dem formalen Gleichheitsanspruch einerseits und der Lebensrealität von Frauen* andererseits. Feminismus ist notwendig, um aufzuzeigen, dass das Ideal der Gleichheit aller Menschen nicht mit den Alltagserfahrungen von Frauen* übereinstimmt. Sexismus, strukturelle Diskriminierung, Einschränkungen und andere Formen der Entmachtung von Frauen* existieren und verschwinden nicht, weil man sich vage als Humanist*in bezeichnet. Deshalb brauchen wir Feminismus.

## KONKRET ZU SEIN SCHLIESST NICHT AUS

Jene Menschen, die glauben, dass sich Feminismus und Gleichheit gegenseitig ausschließen, sollten ihre Faktenlage überdenken. Man muss sich nicht entscheiden: Humanismus und Feminismus schließen einander nicht aus. Zu sagen »Wir brauchen keinen Feminismus, wir sollten den Fokus lieber auf universelle Menschenrechte legen« kommt der Aussage gleich: »Wir brauchen keine Kardiologen, wir sollten den Fokus lieber auf die Allgemeinmedizin legen.« Oder als würde man sagen: »Kardiolog*innen legen den Fokus viel zu sehr auf das Herz, damit lassen sie Malaria außer Acht. Wir müssen uns auf den allgemeinen Gesundheitszustand konzentrieren, nicht nur auf das Herz.« Dabei sind Ärzt*innen, die sich auf die Kardiologie spezialisiert haben, besser ausgestattet und informiert, um Herzbeschwerden zu bekämpfen. Sie kümmern sich aber damit gleichzeitig um die Gesamtgesundheit des Menschen und sind immer auch über den Stand der Allgemeinmedizin informiert. Und wie wir alle wissen: Ohne funktionierendes Herz erreichen wir keinen guten Gesundheitszustand. Deshalb brauchen wir Feminismus.

Vieles, was wir heute Feminismus nennen, beschäftigt sich mit sozialen Missständen des patriarchalen Systems. Es geht also einerseits um Gerechtigkeit, die Umverteilung von Geld, Macht und Einfluss. Es geht andererseits aber auch um die Benachteiligung und Abwertung dessen, was als »weiblich« wahrgenommen oder kategorisiert wird. Wir leben in einer Gesellschaft, die immer noch in vielen Bereichen, wie der Arbeitswelt, der Politik oder der Wirtschaft, sogenannte männliche Züge schätzt und auf weibliche hinabblickt. Es sind die »weiblichen« Eigenschaften in Männern* und Frauen*, für die beide Geschlechter diskriminiert werden: Eine gesunde Verbindung zu den eigenen Gefühlen heißt dann »zu emotional, um Krisensituationen zu meistern«, eine gemeinschaftliche Orientierung »zu sozial, um schwierige Personalentscheidungen zu treffen«. Ein Grund, weshalb Frauen* unverhältnismäßig mehr Diskriminierung aufgrund ihres Geschlechts erfahren, liegt in dem geringen Stellenwert, den wir »femininen« Eigenschaften zuschreiben. Beim Feminismus geht es also nicht nur um Frauen*, sondern um Verteilungsgerechtigkeit und darum, alle Menschen gleichermaßen von den Klischees der aufgezwängten Geschlechterrollen zu befreien. Deshalb brauchen wir Feminismus.

## FRAUEN* ALS SPIELFIGUREN DER MACHTINHABER

Die Geschichte der negativen Darstellung von Feminist*innen ist so alt wie der Feminismus selbst. Frauen*, die sich am Anfang des 20. Jahrhunderts in den USA und Großbritannien für das Frauenwahlrecht starkgemacht haben, wurden als hässlich, emotional verbittert und unmenschlich dargestellt. Die Postkartenindustrie wurde dafür eingesetzt, um Frauen*, die sich für dieses heute nicht mehr wegzudenkende Grundrecht eingesetzt haben, öffentlich schlechtzumachen. Auch heute wird Feminismus mit einem Streben nach einer Überlegenheit der Frauen* gegenüber Männern* in Verbindung gebracht. Die Strategie, Feminist*innen als zickige, hysterische Männerhasserinnen oder »Feminazis« darzustellen, ist sehr alt. Beeindrucken lassen sollte man sich davon nicht. Denn die Deutungshoheit dessen, was Feminismus ausmacht, liegt eben nicht bei den Inhabern und Profiteuren von Macht, für die Feminismus per Definition unbequem ist. Deshalb bleiben wir bei Feminismus.

## FAKTEN FAKTEN FAKTEN

### ZUM KOPIEREN UND AUSTEILEN

--- Humanismus ist eine philosophische Denkrichtung. Feminismus ist eine politische Bewegung. Während Feminismus den Anspruch auf soziales Engagement beinhaltet, bleibt Humanismus theoretisch.

--- Feminismus ist für alle da. Er hinterfragt die Verteilung von Machtverhältnissen, zeigt schädliche Geschlechterrollen auf, betont die reale Gleichwertigkeit von Menschen und zielt auf die größtmögliche Freiheit aller Menschen ab.

--- Humanismus ersetzt keinen Feminismus.

DA

STAR

GESCH

S

ECHT

# »DAS STARKE GESCHLECHT«

Bullshit geröntgt von **Anne Maria Möller-Leimkühler**

»Echte Männer*« sind wie Eichen: groß, stark, widerstandsfähig, allen Stürmen gewachsen. Körperlich stark und psychisch stark. Seit der Spätaufklärung gelten Männer* als das starke Geschlecht, nicht nur in Bezug auf eine robuste Körperlichkeit, an der sie im Unterschied zu Frauen* nicht viel leiden, sondern auch hinsichtlich ihrer psychischen und geistigen Ausstattung.

»Aller Fortschritt geht vom Manne aus«, schrieb 1900 der Nervenarzt Paul Julius Möbius in seinem damaligen Bestseller *Vom physiologischen Schwachsinn des Weibes*. Möbius würde sich im Grab umdrehen, würde er von der Emanzipation der Frauen* vom »schwachen« hin zum »starken« Geschlecht erfahren. Dieser Rollenwandel ist allerdings nicht mit einer Auflösung von Geschlechterstereotypen einhergegangen. Wie zahlreiche internationale Befragungen belegen, sind die typischen Eigenschaften, die Männer* und Frauen* sich gegenseitig zuschreiben, über die Jahrzehnte erstaunlich unverändert geblieben: Typische Eigenschaften lassen sich für Frauen* als Expressivität und für Männer* als Instrumentalität zusammenfassen. Frauen* gelten als emotional, empathisch und beziehungsorientiert, Männer* als rational, autonom, leistungs- und wettbewerbsorientiert. Unserem gesellschaftlichen Verständnis nach schließen sich Expressivität und Instrumentalität aus. Während sich Frauen* heute deutlich mehr Instrumentalität zuschreiben, verharren Männer* weiterhin auf einer nur gering ausgeprägten Stufe von Expressivität. Im klassischen Männlichkeitsschema ist Expressivität – also die Wahrnehmung und Kommunikation von Gefühlen, die auch Ängste, Schwäche oder Traurigkeit beinhalten – unmännlich und instrumentellen Zielen nicht gerade förderlich. Gesellschaftliche Erwartungen an Verfügbarkeit, rigide Arbeitsstrukturen und ökonomische Zwänge fördern darüber hinaus die Bedeutung von Instrumentalität im Sinne eines Funktionieren-Müssens. Traditionelle männliche Identität definiert sich im Wesentlichen über Leistung und sozialen Status. Als Daseinsberechtigung für den Mann* gilt nach wie vor die Rolle des Haupternährers der Familie – sowohl in den Köpfen von vielen Männern* als auch von vielen Frauen*. Obwohl Befragungsstudien viele unterschiedliche Facetten von »Männlichkeit« und »Männertypen« benennen, ist die Mehrzahl der Männer* weiterhin an Formen traditioneller Männlichkeit orientiert. Das geht etwa aus der Repräsentativ-Befragung des deutschen Bundesministeriums für Familie, Senioren, Frauen und Jugend aus dem Jahr 2016 hervor.

Ergo: Starker Mann*, starke Psyche? Haut den Mann* wirklich nichts so schnell um, oder tut er nur so, als ob ihn nichts umhauen könnte? Die Antwort: Er tut nur so. Hier kommen die Fakten:

## DAS GENETISCH »SCHWÄCHERE GESCHLECHT«

Genau genommen sind Frauen* das »ursprüngliche Geschlecht«. Denn alle Embryos sind zunächst weiblich. Erst mit viel Testosteron und Anti-Müller-Hormon, das die Differenzierung der Geschlechtsorgane regelt, sorgt die Natur dafür, dass aus dem weiblichen ein männlicher Embryo wird. Frauen* verfügen über zwei stattliche X-Chromosomen, bei dem eines die Sicherheitskopie des anderen ist. Männer* sind dagegen nur mit einem X- und mit einem eher winzigen Y-Chromosom ausgestattet, das zwar den Mann* zum Mann* macht, aber im Störungsfall keinen doppelten Boden liefert.

Dadurch sind Männer* bereits als Embryo verletzlicher, sie sterben häufiger unbemerkt ab, sind als Frühgeborene deutlich empfindlicher und sterben bei Komplikationen häufiger als weibliche Frühgeborene. Auch im Kindesalter setzt sich die Verletzlichkeit von Jungen* fort: Sie leiden mindestens doppelt so häufig an Entwicklungsstörungen und Verhaltensauffälligkeiten – von Bettnässen über eine gestörte Sprachentwicklung und ADHS – bis hin zu Verletzungen und tödlichen Unfällen. Damit einher geht ein »schlechteres« Image, Jungen* gelten schneller als wild, dumm oder schwer erziehbar. Dafür sorgen zum einen eine traditionell unterschiedliche Erziehung von Jungen* und Mädchen*, zum anderen Testosteron, eine stärkere Hirnlateralisierung und eine langsamere Hirnentwicklung. Gleichzeitig können Jungen* aufgrund ihrer zunächst schwächeren biologischen Konstitution im Vergleich zu Mädchen* ein noch viel stärkeres Bedürfnis nach emotionalen Bindungen haben, was oftmals nicht wahrgenommen wird. Männliche Stärke ist also mitnichten angeboren. Im Gegenteil, sie muss vielmehr im weiteren Leben hart erarbeitet werden.

Da das männliche Gehirn in seinen beiden Hälften weniger verschaltet ist als das weibliche, arbeitet es vergleichsweise asymmetrisch. Die linke Hirnhälfte, zuständig für logisches und analytisches Denken, ist im Vergleich zur rechten, die Emotionen und Intuition verarbeitet, bei Männern* aktiver. Hier gehen Sozialisation und Biologie Hand in Hand: Jungen* werden in ihren Emotionen weniger bestärkt als Mädchen*, das heißt: Sie lernen früh, ihre Gefühle zu kontrollieren und dass diese Kontrolle deutliche Vorteile bringt, wenn es um die Aneignung und Demonstration von Männlichkeit geht.

Die Folge dieser mangelnden Einübung in emotionaler Kompetenz ist, dass Männern* oft die Worte fehlen und sie dadurch weniger in der Lage sind, differenziert und adäquat mit ihren Gefühlen umzugehen. Stattdessen herrscht Schweigen und/oder tendenziell aggressives Ausagieren dieser emotionalen Hilflosigkeit. Es ist vielfach nachgewiesen, dass die dauerhafte Kontrolle von Emotionen auf Dauer krank macht.

## ANFÄLLIGER FÜR STRESS

Männer* gelten gemeinhin als stressresistent und fühlen sich auch so. Doch das Gegenteil ist der Fall. Biologie und Selbstwahrnehmung gehen hier bei beiden Geschlechtern getrennte Wege: Während Frauen* sich subjektiv durchgängig gestresster fühlen als

Männer*, verfügen sie über einen eingebauten physiologischen Stressschutz, nämlich durch die weiblichen Hormone Östrogen und Oxytocin, die das Stresshormon Cortisol in Schach halten. Männer* sind nicht in dieser glücklichen Lage. Sie reagieren aufgrund ihrer spezifischen Hormonausstattung psychobiologisch deutlich empfindlicher auf Stressoren mit signifikant stärkeren Cortisolausschüttungen, wie experimentelle Studien insbesondere anhand von Stresstests belegen.

Das bedeutet, chronischer Stress, beispielsweise durch psychosoziale Belastungen am Arbeitsplatz über mehrere Jahre hinweg, kann für Männer* gravierendere Konsequenzen haben als für Frauen*. Beispiele dafür sind Herz-Kreislauf-Erkrankungen, Alkoholabhängigkeit oder Depression, deren erstmaliges Auftreten in internationalen Längsschnittstudien beobachtet wurden. Aber nicht nur das: Eine große dänische Studie, die über 22 Jahre lief, zeigte, dass Männer* mit einem hohen Stresslevel eine höhere Sterblichkeit in Bezug auf alle Todesursachen hatten als Männer mit geringem Stress. Bei Frauen* gab es diesen Zusammenhang nicht. Damit dürfte das Klischee von der größeren Belastbarkeit der Männer* als Mythos entlarvt sein.

Plakativ formuliert: Frauen* leben in Beziehungswelten und reagieren auf Stress viel eher mit prosozialen Strategien. Dazu zählt, sich Hilfe zu suchen, zu (über-)reden, zu besänftigen, zu verhandeln, sich zu arrangieren oder sich anzufreunden. Männer* leben vielmehr in Statuswelten und reagieren auf Bedrohungen eher mit Kampf- und Fluchtverhalten, um ihren sozialen Status zu sichern. Bei Kämpfen und Flüchten sind allerdings die Grenzen zur Selbst- und Fremdschädigung fließend. Denn Aggression und Wut, Abwehr und Vermeidung, Sucht- und Risikoverhalten verstärken eher Probleme, als dass sie diese lösen. Da traditionelle Männlichkeitsnormen eine autonome Problemlösung fordern, suchen und erhalten Männer* weniger soziale Unterstützung. Das trägt nur dazu bei, dass Dauerstress Männern* mehr zusetzt als Frauen*, auch und gerade dann, wenn sie »ihren Mann stehen«.

## DREIMAL HÖHERE SUIZIDRATE

Traditionelle Männlichkeitsnormen reduzieren zudem die Lebenserwartung. Das gilt nicht nur für sämtliche natürliche Todesursachen, an denen Männer* in allen Altersgruppen früher sterben, bedingt durch Lebensstil- und Umweltfaktoren, sondern auch für den Tod durch Suizid. In Problemsituationen suchen Frauen* eher Hilfe, Männer* bringen sich um. Für etwa 80 Prozent der Suizide sind Depressionen mitverantwortlich, die nicht erkannt oder nicht richtig behandelt wurden. Der Suizidversuch von Männern* ist im Gegensatz zu dem von Frauen* seltener ein Hilfeschrei, sondern Ausdruck einer intensiven Selbsttötungsabsicht im Sinne einer letzten autonomen, vermeintlichen »Problemlösung« nach dem Motto »stark bis in den Tod«. Deshalb wählen Männer* auch härtere Selbsttötungsmethoden, um sicherzugehen, dass ihr Suizidversuch gelingt. Denn ein Überleben würde oft nur als weiteres Versagen empfunden werden.

Depressionen gelten als typische Frauenkrankheit, da bei Frauen* zwei- bis dreimal so häufig eine Depression diagnostiziert wird wie bei Männern*. Das ist Standardwissen, das kaum hinterfragt wird. Dabei verweist die dreimal höhere Suizidrate von Männern* vielmehr auf eine massive Unterdiagnostizierung von Depression – und die ist systematisch: Zum einen vermeiden Männer* oft die Suche nach professioneller Hilfe aus Angst vor der Stigmatisierung als »unmännlich« oder als »Psycho«. Zum anderen versuchen Männer* ihre emotionalen Konflikte eher mit externalisierenden Strategien zu bewältigen, was die Erkennung von Depressionssymptomen für sie selbst und ihre Umwelt erschwert. Und darüber hinaus können Geschlechterstereotype in den Köpfen von Ärzt*innen einen männersensiblen Blick verhindern und dafür sorgen, dass Depressionssymptome schlichtweg nicht erkannt werden. Studien, die Depression nicht nur anhand der klassischen Symptome erfasst, sondern auch männertypisches Stressverhalten berücksichtigt haben, belegen, dass Depressionen ähnlich häufig bei Männern* auftreten wie bei Frauen*.

Es zeigt sich: Männer* sind stark, aber verletzlich. Verletzlicher als sie selbst glauben und als es die Gesellschaft ihnen zugesteht. Verletzlich zu sein ist nicht »unmännlich« oder »schwach«. Im Gegenteil: Es ist menschlich – und liebenswert.

*Don't know much about history*
*Don't know much* **biology**
*Don't know much about a science book,*
*Don't know much about the French I took*
*But I do know that I love you*
*And I know that if you love me, too*
*What a wonderful world this would be*
*Sam Cooke, »Wonderful world«*

SEI

NIC

SO

SENS

HT

BEL!

# »SEI NICHT SO SENSIBEL!«

Bullshit entgiftet von **Christoph May**

Wo der rüde Volksmund kläfft, wird »Sei nicht so sensibel!« schnell zu »nicht so emotional, naiv und hysterisch« oder »kein Mädchen, keine Mimose, kein Warmduscher«. Wir sollen nichts »persönlich nehmen« und uns »die Tränen wegwischen«, denn »du musst jetzt stark sein« und »darfst dir nichts anmerken lassen«. Dauerbrenner wie »Halt die Ohren steif und beiß die Zähne zusammen« untermalen die Klassiker »Ein Junge weint nicht, und ein Indianer kennt keinen Schmerz, denn was ein richtiger Mann ist, der lässt sich ein paar Eier wachsen«. Kurz gesagt: »Schlampe«, »Lauch« oder »Schwuchtel« werden final gern mit einem saftigen »Opfer!« serviert. – »Alles halb so wild?«

## SCHMERZVERBOT

Ob Mann*, Frau* oder LGBIT*, seid jetzt bitte so sensibel wie möglich und checkt zunächst mal euren eigenen Floskel-Gospel. Denn es geht um sehr viel mehr als nur kleine und große Demütigungen. In Wahrheit wird hier mit jedem weiteren unbedachten

Spruch eine männlich dominierte Abwehrhaltung verteidigt und kultiviert: Vernunft, Verstand, Theorie und Norm versus Gefühl, Intuition, Empfindung und Affekt. »Du Opfer!« ist gleichbedeutend mit »Opfer deiner Gefühle«, »Zähne zusammenbeißen« mit Schmerzverbot und »Bitch!« mit Frauenhass. Die Spielarten von »kleines Sensibelchen« stehen allesamt für Gefühlsabwehr und emotionale Sprachlosigkeit. Oder wie der Männertherapeut Björn Süfke resümiert: »Es heißt oft, Männer* können ihre Gefühle nicht ausdrücken, aber eigentlich ist es noch schlimmer. Sie wissen nicht einmal, wie sie Zugang zu ihren Gefühlen bekommen können.«

Familie und Gesellschaft sind im Sprüchedrücken sehr engagiert und effizient. Es wird den Boys in die Windel gewickelt und um die Ohren gehauen. Genauso unbewusst wie beim täglichen Phrasenmähen. Leichter Liebesentzug hier, deutlich weniger Körperkontakt dort. Jungs* werden statistisch weniger gefühlsbetont angesprochen als Mädchen*. Leistung statt Lust. Verdrängung statt Frust. Lieber Durchhalten, Durchziehen und Nachtreten als Innehalten, Rückzug und Nachgeben. Später dann kommt der Kampf um emotionale Zuwendung in Gestalt von Supermännern zum Ausdruck, die unermüdlich Welt und Universum retten. Er zeigt sich im Abwehrspiel von Fußball-Göttern oder als Risiko-Investition von Business Punks. Vom herzlosen Männer*-Fetisch in Tech-Kulturen über den Combat-Mode der Gaming-Branche bis zur Faszination für Nerd-Stuff (Non Emotional Responding Dude). Traditionelles Hierarchie-, Bürokratie- und Anspruchsdenken ist unmittelbare Folge dieser emotionalen Vernachlässigung. Nicht durch die Mutter*, nein, durch den Vater* natürlich.

Nur selten ist Mutti die Bestie, die Abwesenheit von Daddy hingegen legendär!

Nichts prägt unsere Gesellschaft so stark wie die unerfüllte Sehnsucht nach emotional integeren Vaterfiguren. Ferne Väter* und der Leidensweg ihrer Söhne sind die Top-Storys der westlichen Kulturgeschichte. Von den Untaten des Herkules über das Martyrium Jesu Christi bis zu den Sternenkriegen von Skywalker. Der Weg zu den unerreichbaren und schwer beschäftigten Daddys im Olymp (Zeus), im Himmel (Gott) oder im Todesstern (Darth Vader) wird stets als unmenschlich und übermännlich inszeniert. Wüchsen wir hingegen mit zugewandten und offenherzigen Vätern* auf, könnten wir uns die Demütigung sparen. Lieber Emotions-Support statt Extrem-Sport. Bis auf Weiteres ist aber auch bei den künftigen Sohnemännern leider niemand zu Hause. Dafür müssen wir uns noch zwei, drei Generationen gedulden. Würden die männlichen Protagonisten in Film, Serien und Real Life ihr Flucht- und Abwehrverhalten nur für einen Moment hinterfragen, wäre schon viel geholfen. Dominic Toretto ginge fast and furious in Elternzeit, um slow and calm sein Söhnchen großzuziehen. Hulk, der alte Froschkönig, würde zum Kuschelmonster mutieren. Und Iron Man könnte endgültig seine verfluchte Helden- und Hobbykeller-Männlichkeit hinter sich lassen. Mit echtem Herzschlag in seiner Brust anstelle des blau-leuchtenden Reaktorkerns. Ganz ohne Körperpanzer. Könnt ihr euch das vorstellen?

## UNSERE KULTUR, DIE ASTREINE MÄNNERFANTASIE

Apropos Körperpanzer (ein Begriff aus den *Männerphantasien* von Klaus Theweleit). Es erfordert hartes und kompromissloses Training, um nicht fortwährend von seinen Gefühlen überschwemmt, überwältigt und eben übermannt zu werden. Hypermaskuline Männer*bilder in Filmen und Serien aber bestärken den künftigen Man of Steel live und in Echtzeit darin, niemals aufzugeben: Superheroes, Outlaws, Ex-Bullen und Killer-Maschinen – die ganze Palette der um sich schlagenden Testosteron-Prügel also. Sie geben unserem Bad Boy den nötigen Support, um die innere und äußere Boss-Transformation am Laufen zu halten. Hintenrum jedoch wird er schleichend vergiftet. Denn die Darstellungen männlicher Körperpanzer vermitteln ihm zugleich sämtliche Charakteristika einer vergifteten Männlichkeit (Toxic Masculinity): Emotionale Distanz, Hyper-Konkurrenzdenken, Aggression, Bedrohung, Gewalt, sexuelle Objektivierung und Frauenjagd werden im Stahlwerk von Kino und Streaming-Diensten jeweils in packende und überladene Action-Storys gegossen. Von *Herr der Ringe* über *Star Wars* bis *Game of Thrones*. Traurig, aber wahr: 90 Prozent aller verfilmten Drehbücher weltweit werden von Männern* verfasst. Die großen Geschichten, die uns am meisten prägen, sind astreine Männer*fantasien.

Die enorme Bilderflut fiktiver Männer*welten hat einen massiven Impact auf das gesellschaftliche Unterbewusstsein. Neben der breitbeinigen Überrepräsentation von Kampf- und Körperpanzern gibt es noch eine zweite, äußerst lästige und verbissene Darstellungsform: die Kreatur bzw. das kreatürliche Innere der Männlichkeit. Hierzu zähle ich Zombies, Mutanten, Monster und Aliens. Eine Art Gewebe-Wucherung aus Knorpeln und Muskelfasern. Total verwachsen, oft schleimig und gelegentlich blind, aber immer blindwütig, ungezähmt, gierig und stumm. Am bekanntesten sind jene Kreaturen mit eindeutig männlicher Gestalt wie Frankenstein, Gollum oder die Weißen Wanderer. Beim Xenomorph (*Alien*, 1979) erkennt ihr spätestens an der sabbernden Schnappzunge in seinem Penismaul, dass ihr es mit einem männlichen Begehren zu tun habt. Das nicht zu Ende geborene, nachtaktive Krüppeltier ist seit jeher Ausdruck des tief sitzenden Schmerzes emotional verarmter Männlichkeiten. Kreatur und Körperpanzer sind spezifisch männliche Bildsprachen. Achtet mal drauf, es lohnt sich! Denn wenn ihr diese Männer*fantasien demaskieren und lesen lernt, könnt ihr live dabei zuschauen, wie traditionelle Männlichkeiten jahrein, jahraus ums Überleben kämpfen.

## TOXISCHE HAUPTROLLEN

Die unzweideutigste Verkörperung von Toxic Masculinity tropft als zähschwarze Flüssigkeit und Dämon namens *Venom* im gleichnamigen Comic und Film auf seinen männlichen Wirt hinunter. Mit schmierigen Tentakeln und einer klebrigen Amphibienzunge zum Heraus- und Herumschleudern (Mansplaining). Diese »größte Bedrohung der Menschheit« macht ihrem Namen alle Ehre: Venom bedeutet Gift, Gehässigkeit und Bosheit. Der Wirt zu Venom: »Wenn du bleibst, wirst du ausschließlich böse Menschen verletzen!?« Venom zu Wirt: »So wie ich das sehe, können wir machen, was immer wir wollen. Haben wir einen Deal?« Männlichkeit wird hier als gewaltgeiler Besessenheits-Buddy inszeniert, mit dem Mann* sich freundlich arrangiert. Tagsüber Journalist, des Nachts schwer schizophren, emotional verkümmert und extrem tödlich. »Alles ist vergiftet!« (Jan Delay). So viel zur toxischen Hauptrolle männlicher Selbstwahrnehmung.

Das pausenlose Bildfeuer, mit dem Männer*fantasien wie Venom die Realität anheizen, brennt sich durch Freundschaft und Beziehung. Frauen-, Genuss- und Lustfeindlichkeit deuten meist auf eine gehemmte, einseitige oder unsichere Sexualität hin. Bist du einfühlsam, zärtlich, hingebungsvoll und bereit zu zerfließen? Oder nur ein porno-trainierter Sportficker? Der Leidensdruck steigt oft parallel zum Leistungsdruck. Arbeitswut, Überforderung und Sucht führen zu Empathieverlust, Hate Speech, innerem Rückzug und Funkstille. Die Suizid-Rate bei Männern* ist dreimal höher als bei Frauen*. Laut Weltgesundheitsorganisation mancherorts sogar fünfmal so hoch. Auch den extremen und trotz ihrer Medienpräsenz extrem seltenen Amokläufen – fast ausschließlich von Männern* verübt – geht oft ein ohrenbetäubendes Schweigen voraus. Denn wer nicht spricht, verbricht.

## EMOTIONALE PRÄSENZPFLICHT FÜR ALLE

Und genau deshalb brauchen wir ein positives, selbstkritisches und feministisches Männerbild. Schaut mehr Filme von Frauen*, lest mehr Bücher von Frauen* und nehmt euch Frauen* zum Vorbild! Redet mit ihnen und nicht über sie, dann kommt ihr auch endlich auf neue Ideen. Das große Männer*-Schweigen darf nicht durch noch größere Männer*-Theorien übertönt werden. Deutlich sinnvoller wären echte Anteilnahme und eine ausdifferenzierte Gefühlssprache. Gefühle sind keine Krankheit, also Schluss mit Verdrängung und Nullkommunikation. Könnten wir nicht per Gesetz eine emotionale Präsenzpflicht für alle einführen? Die Sensiblen unter uns nicht zur Vernunft rufen, bitte, sondern ausgiebig feiern und hochleben lassen. Hört genau zu, nehmt sie ernst und lernt von ihnen. Sensibilität ist keine Schwäche, sondern eine enorme Stärke. Möge die Macht mit den Sensiblen sein!

## MUTPROBEN

### FÜR HARTE JUNGS

--- sich vor Erleichterung in die Arme fallen
--- Pediküre
--- bei der Rom-Com heulen
--- zuhören
--- warm duschen
--- sich einen Fehler eingestehen
--- in Horrorfilmen die Augen zumachen
--- in Karenz gehen
--- sich in der Männerrunde gegen Sexismus aussprechen
--- mildes Mineralwasser trinken
--- um Rat fragen
--- Frauen* in Netzwerke holen
--- ein Motivpflaster auf die Schnittwunde kleben

ALLE TÜREN OFFEN – DENN NO

STEHEN EUCH

WAS WOLLT IHR

CH?

# »Alle Türen stehen euch offen – was wollt ihr denn noch?«

Bullshit widerlegt von **Fränzi Kühne**,
Mitarbeit: **Ana-Marija Cvitic**

Starre Unternehmenskulturen, traditionelle Karrieremodelle, überholte Geschlechterrollen, flexible Start-up-Modelle, digitaler Kapitalismus, Rabenmütter und neue Väter – und obendrüber und drumherum der Staat: Die deutschsprachige Gleichstellungsdebatte sucht gerne den ganz großen Diskurs und liebt dann doch die flachen Positionen. Immer wieder begegnet einem etwa die Frau* – also zum Beispiel ich – als defizitäres Wesen. Ob es um die Verweigerung von Quotenregelungen geht oder um die doch wohlmeinende Förderung weiblicher Fachkräfte: Die Frau* ist es, die nicht genug ist. Nicht laut, nicht mutig, nicht aggressiv oder dominant genug, keine gute Netzwerkerin – oder sie will einfach nicht Karriere machen.

Den Abbau dieses Defizits sollen »Frauenförderungsmaßnahmen« wie Mentoring- und Karriereprogramme herbeiführen.

Dazu schreibt die Journalistin Anna-Lena Scholz in der deutschen Wochenzeitung *DIE ZEIT*: »Pflichtschuldig werden Köpfe gezählt: null Frauen*, eine Frau*, zwei Frauen*, drei Frauen*. Dazu noch paar Kinderbetreuungsplätze, ein Mentoring-Programm und ein Plakat von Lise Meitner im Flur. Diese hochglanzpolierte Gleichstellungspolitik – so wichtig sie ist – hat einen doppelt perfiden Effekt.« Frauen* werde nämlich damit nahegelegt, ihnen stünden sämtliche Türen offen, und Chancenungleichheit am Arbeitsmarkt gehöre der Vergangenheit an. Sie müssten nur wollen.

Nur ein Bruchteil der Führungspositionen im deutschsprachigen Raum ist von Frauen* besetzt. Diese wenigen Frauen* sind mit großer Sicherheit nicht schon alle, die führen wollten und könnten. Nur ein Wertewandel auf der Chefetage kann Veränderungen bringen. Zugleich stehen Frauen* wie Männer* gleichermaßen in der Verantwortung, jetzige Führungsbilder zu hinterfragen und zeitgemäßer auszugestalten. Aus persönlicher Erfahrung als Geschäftsführerin einer Agentur für Digital Business, als Aufsichtsrätin und Mutter* einer zweijährigen Tochter kann ich sagen: Stimmen die Rahmenbedingungen, steigen Frauen* sehr wohl als erfolgreiche Führungskräfte auf. An ihrem Willen scheitert es nicht.

In Deutschland sind 74 Prozent aller Frauen* berufstätig, in Österreich liegt die Erwerbsfrequenz bei rund 68 Prozent und in der Schweiz bei rund 79 Prozent, wie die statistischen Ämter der jeweiligen Länder zeigen. Zudem waren Frauen* noch nie so gut ausgebildet wie heute. Mehr als 50 Prozent der Hochschulabsolvent*innen sind weiblich, in Deutschland streben rund 45 Prozent der Absolventinnen* sogar eine Promotion an. Und doch liegt der Frauen*anteil in den Vorständen der 30 größten deutschen Börsenunternehmen nur bei 12 Prozent, in den Aufsichtsräten sind es immerhin 33 Prozent. Den Unterschied macht hier wohl die 2015 eingeführte 30-Prozent-Quote für Aufsichtsräte. Dass dort, wo angeblich keine fähigen Frauen* sind, plötzlich doch welche gefunden werden können, belegt den Bedarf an gesetzlicher Quotierung. Einen Wertewandel in Konzernen bewirkt sie aber nicht: Studien, etwa der AllBright Stiftung, zeigen, dass die Quote kaum Einfluss auf darüber hinausgehenden Frauen*anteil im aktiven Top-Management hat.

Dabei sind Frauen* aber nicht nur Leidtragende eines maroden Recruiting- Systems sich sehr ähnlicher Führungskräfte im Top-Management, die nur auf ihresgleichen zählen. Tatsächlich bestätigen Studien, wie etwa des Instituts der Deutschen Wirtschaft, dass der Anteil an weiblichen Bewerberinnen* für Schlüsselpositionen nicht mehr als 30 Prozent ausmacht, unabhängig von der Qualifikation oder Ausbildung. Es sind also auch Frauen* selbst, die auf Führungspositionen verzichten und sich tradierten Führungsstrukturen entziehen.

## DER PRAKTIKANT ALS ÜBER-CHEFIN

Der Blick durch die gläserne Decke offenbart nun einmal nicht nur Erstrebenswertes, sondern zeigt auch die auf höchster Führungsebene replizierten Reste traditioneller Führungsbilder, die nicht ohne Männlich-weiblich-Klischees auskommen. Das zeigen nicht nur Statistiken: Wenn der Kunde unser Team darum bittet, dass nicht die erfahrene Consulting-Chefin, sondern der männliche Praktikant die Strategiepräsentation vor dem Vorstand hält, dann werden diese sehr greifbar. Und natürlich gibt es dazu kein Wort der Erklärung, keine Geste der Entschuldigung, kein sichtbares Bewusstsein für eine Grenzüberschreitung – es ist halt, wie es ist.

Jahrhundertelang rechtfertigten Vorurteile über binäre, festgelegte Unterschiede zwischen den Geschlechtern eine Ungleichbehandlung von Männern* und Frauen*, im Arbeits- wie im Privatleben. Dieser sogenannte Gender-Essenzialismus sorgte dafür, dass der klassische Mann* als aggressiv, individualistisch und rational galt; die klassische Frau* als passiv und emotional. Darauf aufbauend entstand das Bild der Führungspersönlichkeit par excellence – männlich, dominant, rational und mit einer Leistungsbereitschaft, die Karriere allem anderen überordnete. Dieses Führungsbild stammt aus einer Zeit, in der Männer* die Alleinverdiener waren und eine Familie dem Arbeitsmarkt im Durchschnitt 45 Stunden pro Woche zur Verfügung stellte. Da die Frau* die gesamte Kindererziehung und Familienarbeit übernahm, konnte der Mann* beruflich eingesetzt werden, wie es die Beschäftigungssituation gerade verlangte. Diese hat sich jedoch in den vergangenen 50 Jahren radikal geändert – ohne dass sich die Führungsposition als solche dem gesellschaftlichen Wandel angepasst hätte. Eine Familie mit zwei berufstätigen Elternteilen ist in der DACH-Region nicht mehr die Abweichung, sondern die Norm. Bei zwei Vollzeit arbeitenden Eltern stellt eine Familie dem Arbeitsmarkt heute über 80 Stunden pro Woche zur Verfügung. Gleichzeitig sind es noch immer primär die Frauen*, die der familiären Fürsorgepflicht nachkommen, selbst wenn der Trend zu mehr Partnerschaftlichkeit und geteilter Familienarbeit geht.

## AUSGEDIENTE JOBMODELLE

Auch heute noch gehört zu einer Führungskarriere eine hohe Leistungsbereitschaft, die mit langer Anwesenheit, hohem Arbeitspensum und Mobilität gleichgesetzt wird. »Führungskräfte haben vor Ort zu sein, Leitungskultur heißt Präsenzkultur«, erläutert die Initiative Chefsache, ein Netzwerk zur Förderung eines ausgewogenen Verhältnisses von Frauen* und Männern* in Führungspositionen. Eine qualitative Befragung von 220 weiblichen und männlichen Führungskräften ergab, dass sich die Betroffenen unter extremem Erwartungsdruck sehen, viel und lange zu arbeiten und immer erreichbar zu sein. Es wird bezweifelt, dass sich das Führen oder Beurteilen von Mitarbeiter*innen bei reduzierter Arbeitszeit oder im Home Office zuverlässig erfüllen lasse; Wochen mit einem Arbeitspensum von 70 Stunden sind keine Seltenheit. Auch die Führungskräfte selbst reproduzieren die Erwartungshaltung, in ihrer Position überdurchschnittlich viel Zeit investieren zu müssen. Wenn Frauen* diesen Zustand kritisieren, wird ihnen vorgeworfen, dass der Fehler an ihnen liege und sie eben nicht für Führungspositionen geschaffen seien. Dabei wird diese Erwartungshaltung an Leadership, die mit Vollzeiteinsatz und Präsenzkultur gekoppelt ist, der heutigen Lebenswelt von Berufstätigen nicht gerecht – und zwar weder jener von Frauen* noch von Männern*. Um noch einen Schritt weiterzugehen: Das Festhalten an diesem traditionellen, klischeebasierten Führungsbild ist weltfremd, ungesund und gefährlich für Führungskräfte, für Unternehmen und die Gesellschaft. Denn dieses System kann sich am Ende nur immer wieder selbst replizieren – und das bei stark veränderten Arbeitswelten. Wir haben es hier mit dem Gegenteil eines evolutionären Prozesses zu tun, auf Veränderungen folgt keine Weiterentwicklung.

## FAMILIEN MITDENKEN

Ein wesentlicher Weg, dem entgegenzuwirken, ist die Veränderung von unten. Die weiblichen Führungskräfte von morgen müssen heute schon eingestellt, ausgebildet, gehört und verstanden werden – und zwar als Teil eines vielfältigen, vielseitigen Teams. Notfalls geschieht dies mit einer Quote im mittleren Management, notfalls mit einer Quote im Top-Management, unbedingt mit Veränderungen von Recruiting- und HR-Prinzipien – nicht jedoch mit isolierten »Frauenförderungsmaßnahmen«. Begleiten muss diesen Prozess ein Umdenken auf höchsten Ebenen.

Wann diesen Wertewandel anstoßen, wenn nicht jetzt? Unsere Gesellschaft befindet sich im Wandel von einer Industriegesellschaft zu einer Wissens- und Informationsgesellschaft. Das stellt für die Arbeitswelt eine enorme Chance dar, verkrustete Strukturen aufzuweichen und sich auf einen neuen Wertekanon zu einigen. Das Ziel von Unternehmen sollte sein, eine nachhaltige Unternehmenskultur zu schaffen, die sich an den Bedürfnissen der Mitarbeiter beiderlei Geschlechts und ihrer Familiensituation orientiert. Das würde automatisch jene Hindernisse beseitigen, die Frauen* von einer Bewerbung für Führungspositionen abhalten. Der Schlüssel für das Ausschöpfen des vorhandenen weiblichen – wie männlichen – Führungspotenzials der jungen Generation sind alternative Arbeitsmodelle wie reduzierte Vollzeit, mobiles Arbeiten oder Jobsharing. Es überrascht, dass in der

DACH-Region trotz Digitalisierung, fortschreitender Globalisierung und Fachkräftemangel innovative Arbeitszeitmodelle so wenig Akzeptanz im Unternehmensumfeld finden.

## FRÜHESTMÖGLICHE TALENTEFÖRDERUNG

Ich bin seit zehn Jahren Agenturchefin und seit zwei Jahren Mutter. Meine Position ist relativ luxuriös, aber dieser Luxus ist auch ein Auftrag: Ich möchte ihn mit den Kolleg*innen, die Familien haben, teilen. Gerade in der Phase der Rückkehr in den Beruf heißt das für mich als Arbeitgeberin, flexible Arbeitsmodelle möglich zu machen. Die Lösungen sind individuell, doch eint sie ein Grundprinzip: Teilzeit heißt nicht Teilkarriere oder Teilverantwortung. Niemand ist als reine Zeitressource bei uns. Es wäre dumm, sich Fähigkeiten, Ideen, professionelle Erfahrung oder spannende Perspektiven entgehen zu lassen, nur weil man Führung streng mit Vollzeit gleichsetzt. Ein flexibles Arbeitszeitmodell bedeutet vor allem eine Konzentration auf Kernaufgaben und essenzielle Fähigkeiten – und gutes Zeitmanagement. Qualität statt Quantität, darum geht es doch, auch auf der Seite der Familie. Dass heute bei uns in der Agentur 55 Prozent der Führungspositionen von Frauen* besetzt sind, ist nicht das Resultat einer Quotierung. Zu solchen Werten kommt, wer sich von Anfang an vielseitig aufstellt und gezielt Talente fördert, unabhängig von Geschlecht und Lebensentwurf. Gelingt uns der Wertewandel, der einerseits weibliches Potenzial auf Führungsebene und andererseits eine Unternehmenskultur zulässt, die den Menschen in den Vordergrund stellt, werden wir sehr wohl in naher Zukunft auf viele erfolgreiche Frauen* im Top-Management treffen.

## WAS WIR WOLLEN

### DA WÄREN NOCH:

--- **FRAUEN* IN DER CHEFETAGE.** Frauen* machen die Hälfte des Leistungs- und Führungspotenzials aus, aber nur ein Bruchteil von ihnen kommt in den Chefetagen an – vor allem in Österreich, in Deutschland und in der Schweiz. Frauen* machen einen großen Teil der Erwerbstätigen aus, im selben Ausmaß sollten sie auch in Führungspositionen vertreten sein.

--- **WERTEWANDEL IN DER CHEFETAGE.** Damit die weiblichen Führungskräfte von morgen heute schon eingestellt, ausgebildet, gehört und verstanden werden können, braucht es einen Wertewandel auf der Chefetage. Das Konzept von Führung muss zeitgemäß ausgelegt werden und sich mehr an den Bedürfnissen der Mitarbeiter*innen und ihrer Familiensituation orientieren. Führung darf nicht mit Vollzeit und Dauerpräsenz gleichgestellt werden.

--- **ALTERNATIVE ARBEITSMODELLE IN DER CHEFETAGE.** Der Schlüssel für das Ausschöpfen des weiblichen Führungspotenzials sind alternative Arbeitsmodelle wie reduzierte Vollzeit, mobiles Arbeiten oder Jobsharing. Teilzeit heißt aber nicht Teilkarriere oder Teilverantwortung. Ein flexibles Arbeitszeitmodell bedeutet vielmehr eine Konzentration auf Kernaufgaben und essenzielle Fähigkeiten – und gutes Zeitmanagement. Die Digitalisierung bedeutet eine Chance, dass Unternehmen eine flexible Unternehmens- und Führungskultur schaffen, die der Lebenswelt der Berufstätigen gerecht wird – sowohl jener von Frauen*, als auch der von Männern*.

Du

dA

TER

GIST

YS-

SCH!

# »Du bist ja hysterisch!«

Diagnose von **Stefanie Sargnagel**

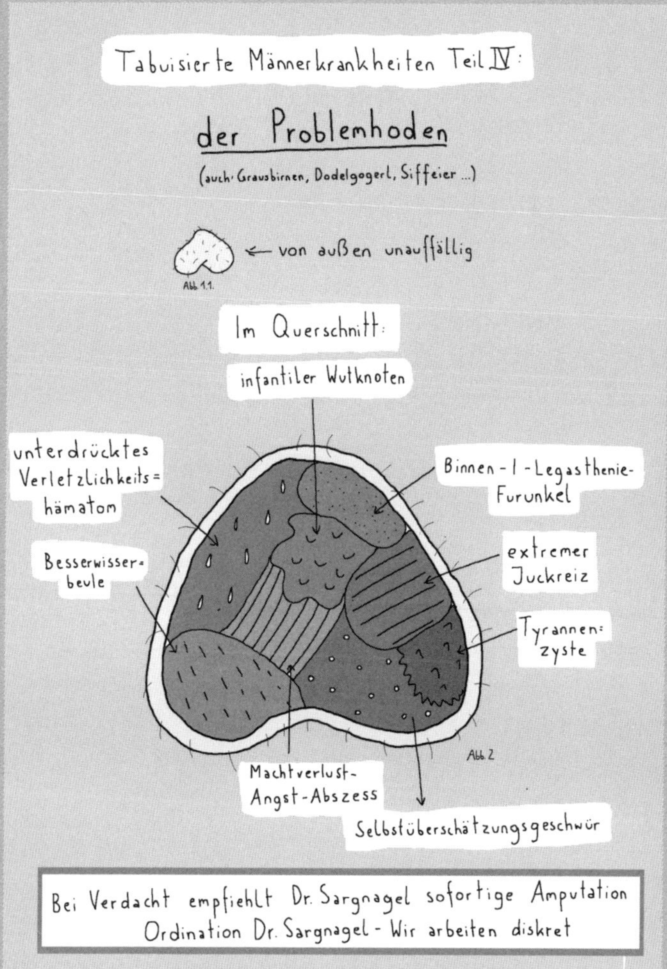
Tabuisierte Männerkrankheiten Teil IV:
der Problemhoden
(auch: Grausbirnen, Dodelgogerl, Siffeier ...)
← von außen unauffällig
Abb. 1.1.
Im Querschnitt:
infantiler Wutknoten
unterdrücktes Verletzlichkeits=hämatom
Binnen-I-Legasthenie-Furunkel
Besserwisser=beule
extremer Juckreiz
Tyrannen=zyste
Abb. 2
Machtverlust-Angst-Abszess
Selbstüberschätzungsgeschwür
Bei Verdacht empfiehlt Dr. Sargnagel sofortige Amputation
Ordination Dr. Sargnagel - Wir arbeiten diskret

FEMIN

IST M

EXT

SMUS

R zu

REM!

# »Feminismus ist mir zu extrem!«

Bullshit neutralisiert von **Cesy Leonard**

Feminismus ist dir zu extrem? Streich die Bullshit-Floskel, werde laut! Ich bin Feministin. Das schon auszusprechen, klingt für viele wie eine Kampfansage. Ich habe gelernt, dass vieles, was ich sage und denke, für andere zu extrem ist. Als eine der vier Leiter*innen der Künstlergruppe »Zentrum für politische Schönheit« ecke ich in einer Gesellschaft, die das Like favorisiert, permanent an. Unsere Aktionskunst wird entweder geliebt oder abgrundtief gehasst. Wir selbst bezeichnen uns als aggressive Humanist*innen, die vor unangenehmen gesellschaftlichen Themen nicht die Augen verschließen und denen der Kampf um die Menschenrechte zu brav geführt wird. Unsere Aktionen sind Kampfansagen an die Gleichgültigkeit unserer Gesellschaft.

Der Dissens, der Ärger und der Unmut, die in öffentlichen Diskussionen oder bei Vorträgen oft ungefiltert über mich hereinbrachen, haben mich wachsen und stärker werden lassen. Wer etwas verändern will, muss provozieren, muss radikal sein. Das gilt auch für den Feminismus.

## FEMINIST*INNEN BLEIBEN AUCH ZU HAUSE

Die erste Feminist*in, die mir begegnete, war meine Mutter*. Sie erzog mich und meine Schwester nach dem Motto: »Seid nicht schön – seid schlau, laut, mutig und von den Männern* unabhängig.« Als Fünfjährige steckte sie mich zur Ballettaufführung in einen blauen Sportbody. Ich stand inmitten eines Meeres aus pinkfarbenen Tutus und schämte mich, anders zu sein. Die Haltung meiner Mutter* erschien mir damals als extrem. Dass sie als Mutter* zu Hause blieb, bis das jüngste Kind in der Schule war und danach neben dem Beruf auch den Haushalt mehrheitlich rockte, erschien mir hingegen als normal.

Wenn ich den Fernseher anschalte oder ins Kino gehe, sehe ich die komplette Diversität von Männlichkeit. Ich sehe lauter dicke, lustige, kleine, schwache, starke, dünne und alte Männer*. Frauen* hingegen schweben als Stereotype über den Screen: Sie entsprechen alle dem aktuellen Schönheitsideal von Kleidergröße 36 und sind niemals älter als 30 Jahre. Wo sind all die alten, dicken, lustigen, schwachen, starken Frauen*? Wo bleibt die Diversität von Weiblichkeit im TV?

Dass es diese Ungleichheit im Film- und Theatergeschäft gibt, erfuhr ich als Schauspielerin am eigenen Leib. Bis zu meiner ersten Fernsehrolle kannte ich keine Probleme mit meiner Kleidergröße oder meinem Aussehen. Aber fürs Fernsehen galt ich mit einer Konfektionsgröße von 38 als fett, mein Gesicht war statt »schön« nur »interessant«: Ich war nicht fernsehtauglich. Mein Kampf um die guten Rollen begann.

Erst heute weiß ich, dass die guten Rollen für Frauen* sich an einer Hand abzählen lassen – seit mindestens 2000 Jahren wird Geschichte in der Gesellschaft und in der Kunst hauptsächlich von Männern* geschrieben. Weibliche Schriftsteller, Drehbuchautoren und Dramatiker sind Mangelware. Kein Wunder, dass uns Geschichten und Rollen von starken, mutigen Frauen*figuren fehlen. Und das nicht nur auf dem Papier, Frauen* fehlen auch hinter der Kamera, in der Regie und beim Ton. So zumindest lauten die alarmierenden Ergebnisse einer Studie des Zusammenschlusses Pro Quote Film, der in Deutschland seit wenigen Jahren nur 500 Frauen* in den kreativen Schlüsselpositionen der Film- und Fernsehbranche vertritt.

Pro Quote Film geht davon aus, dass nur die Hälfte aller ausgebildeten Frauen* an Filmhochschulen in ihrem Berufsbild landet, was sich in der Filmförderung und bei Filmfestspielen deutlich bemerkbar macht – zum Beispiel in Cannes. Seit Gründung des Filmfestivals im Jahr 1946 haben es hier ganze 82 Filme von Frauen* in den Wettbewerb geschafft. 1688 Beiträge stammen von Männern*.

Es reicht also nicht, in Cannes wie 2018 einfach nur barfuß auf dem roten Teppich gegen die Kleiderordnung zu protestieren. Wir brauchen lautere, radikalere, provokantere und übertriebene Stimmen. Wir brauchen Forderungen und Aktionen, die weiter gehen. So wie Journalist Bernd Ulrich festhält: »Schließlich wurde Alice Schwarzers Kampf gegen häusliche Gewalt in den Siebzigern von vielen ebenso als übertrieben empfunden und hingestellt wie 1983 die Forderung der Grünen Petra Kelly im Bundestag, Vergewaltigung in der Ehe unter Strafe zu stellen, was dann erst 1997 wirklich geschah. Ob es sich also bei denen, die zu weit gehen, um Durchgedrehte handelt oder um eine Avantgarde, ist nicht immer so leicht auszumachen.«

Was das Durchdrehen betrifft, haben sich die Zeiten seit Schwarzer und Kelly nicht geändert – unser Bewusstsein für feministische Themen ist vergleichsweise jung und fordert eine größere Radikalität in Positionen.

## WIR BRAUCHEN DIE REVOLUTION

Im ersten Jahr als Mutter* zerriss ich mich zwischen dem Wunsch, eine gute Mutter* sein und mich als Künstlerin verwirklichen zu wollen. Mein Alltag wurde zur Kampfzone zwischen Kindern, Karriere, Künstlerinnendasein und Partnerschaft. Und ich bin damit nicht alleine. Bis heute kenne ich keine Familie, die nicht ständig Streitereien über Haushaltsaufgaben und Arbeitszeiten hat. Oft wird in diesen Streitereien eines deutlich: Es ist noch längst nicht selbstverständlich, dass die Arbeit der Frau*, sei es nun zuhause bei den Kindern oder im Berufsleben, den gleichen Stellenwert hat wie die Arbeit des Mannes* – von der Bezahlung und Wertschätzung ganz abgesehen.

Aber das ist nicht die Schuld der Männer*, vielmehr ist es ein tiefsitzendes gesellschaftliches Problem: Wir stecken noch immer tief in Mustern – der Mann* als Versorger, die Frau* als Sorgende. Es ist eine gewachsene Struktur, die Jahrhunderte alt ist, aber längst nicht mehr zeitgemäß. Wir brauchen neue Familienstrukturen, neue Rollenverteilungen. Wir brauchen Vorbilder, die keine Zerrissenheit empfinden, wenn sie an die Vereinbarkeit von Mutter*liebe und Karriere denken. Und ich meine dabei nicht ein paar Superwomen aus der elitären Oberschicht. Ich will, dass die Vereinbarkeit gesellschaftlicher Konsens wird. Und das nicht nur in der Kleinfamilie, sondern auch oder gerade für Alleinerziehende. Wir brauchen starke, zufriedene Mütter*. Kurzum: Eine Revolution unserer alten Muster muss her. Fangen wir an!

## Meine fünf Forderungen für die Revolution sind:

**1. MACHT!** Du begibst dich auf sehr dünnes Eis, sobald du als Frau* zugibst, Macht zu wollen. Macht ist etwas Böses, Unkollegiales, Männliches und nicht zeitgemäß. Macht klingt zu sehr nach materiellem Interesse, nach Herrschaft und Unterdrückung. Eine Frau*, die Macht will, wird nicht gemocht. Sie ist nicht sexy. Wenn wir aber in dieser Welt etwas bewegen wollen, dann müssen wir dieses Tabu brechen! In einer Machtposition ist es leichter, Dinge in Bewegung zu bringen, Veränderungen zu erwirken. Ich will Macht, weil ich nur so andere ermächtigen kann. Ich will Macht für alle Frauen*. Ich will mit euch dahin, wo die Männer* seit Jahrhunderten sind.

**2. FRAUENQUOTE!** Qualität setzt sich durch? Never! *(siehe auch* **»QUALITÄT STATT QUOTE!«***)* Männer* organisieren sich seit Jahrhunderten in Seilschaften und verteilen die besten Jobs unter sich. Schluss damit: Frauen*, traut euch an die Spitze! Und wer jetzt sagt, sie will keine Quotenfrau sein oder dann gibt es wegen der Quote nur schlechtere Frauen* in Führungspositionen – so what!

Wir hatten jahrhundertelang schlechte Männer in den Positionen oder Männer*, die gar nicht qualifiziert für ihren Job sind. Also?

**3. KEINE SCHAM!** Sag laut und deutlich Vagina, Scheide, Mumu, Muschi oder Vulva. Vielen Eltern und Großeltern gleitet das Wort Penis easy über die Lippen. Sollen sie die Vagina ihrer Tochter oder Enkelin benennen, drohen sie fast zu ersticken. Auf diese Weise verdrängen wir unser Geschlecht schon von Kindesbeinen an in die Nicht-Existenz. Und die Benennung von Geschlechtsteilen ist nur eine von vielen Problemzonen, für die wir uns immer noch schämen.

Cellulite, Dehnungsstreifen, als Mutter* zu Hause bleiben wollen – die Liste ist endlos, die Lösung hingegen einfach: Sprecht über eure widersprüchlichen Emotionen und unterstützt euch gegenseitig!

**4. STEH ZU DIR!** Du trägst lieber Prada statt Achselhaar? Du willst nicht arbeiten und deine Kinder zu Hause betreuen? Du findest es geil, dich hochzuschlafen? Dann mach das. Feminismus definiert sich nicht über Körperbehaarung und verbietet dir nicht, Sex mit deinen Vorgesetzten zu haben. Du kannst bossy sein und trotzdem sexy, Mutter* sein und trotzdem deine Träume verwirklichen. Feminismus gibt dir die Freiheit, zu dir zu stehen, sein zu können, wie du bist – ohne gesellschaftlich dafür bestraft zu werden.

**5. WEIBLICHE ENDUNGEN!** Ich hasse das Gendern von Sprache. Wie das schon aussieht! Ich bin dafür, die nächsten 200 Jahre nur noch die weibliche Endung zu nutzen. Die männliche Endung hat erst mal ausgedient.

Feminist*in bist du nicht nur für dich selbst, sondern auch für andere: Solange Männer* und Frauen* weltweit nicht die gleichen Rechte haben, werde ich mich Feminist*in nennen. Künstler Joseph Beuys sagt: »Die Zukunft, die wir wollen, muss erfunden werden, sonst bekommen wir eine, die wir nicht wollen.« Ich muss diese Zukunft nicht mehr erfinden. Aber ich muss sie einfordern, um sie irgendwann leben zu können. Und ich bin mittendrin: Ich kritisiere meine Figur, während ich mehr Models in Kleidergröße 42 fordere. Mache den Löwenanteil an Familienarbeit und fordere Gleichberechtigung im Teilen der Hausarbeit. Wir sind Teil eines Systems, das sich schleppend ändert. Alles ist Work-in-Progress. Ich bin eine Work-in-Progress-Feminist*in. Mein Ziel ist es, mich irgendwann nur noch Humanist*in nennen zu können *(siehe auch* »ICH BIN FÜR HUMANISMUS, NICHT FEMINISMUS!«*)*. Denn das würde bedeuten, dass es keine Ungerechtigkeiten zwischen Männern* und Frauen*, sondern »nur« noch zwischen Menschen gibt. Aber solange Frauen* weltweit nicht die gleichen Rechte und Möglichkeiten haben, nenne ich mich ab heute: aggressive Feminist*in.

## ZEHN DINGE,

## DIE EXTREMER SIND ALS FEMINISMUS

1 – Bier auf Wein

2 – gegen die Einbahn fahren

3 – Helene Fischer

4 – Extremsport im Fernsehen schauen

5 – das Wetter

6 – bei Gelb über die Ampel fahren

7 – Manspreading

8 – nach dem Döner Kebab schmusen

9 – ins Schwimmbad pinkeln

10 – die politische Mitte

FRAUEN
JA GAR
IN FÜHR
POSIT

WOLLEN
NICHT
UNGS-
ONEN!

# »Frauen wollen ja gar nicht in Führungspositionen!«

Bullshit gefeuert von **Tuulia Ortner**

Weltweit finden sich – zum Teil markant – mehr Männer* als Frauen* in Führungspositionen. Je höher Frauen* die Karriereleiter erklimmen, desto einsamer kann es im Berufsleben für sie werden. Auch in westlich orientierten Ländern, in denen Frauen* und Männer* seit Jahrzehnten gesetzlich gleichgestellt sind, zeigen etwa Eurostat-Erhebungen aus dem Jahr 2017 zu Aufsichts- oder Verwaltungsräten der größten börsennotierten Unternehmen einen Frauen*anteil von 19 Prozent in Österreich und 31 Prozent in Deutschland. Auch in der Wissenschaft und Forschung zeigt sich ein ähnliches Bild. Der Professorinnenanteil betrug im Jahr 2016 laut Statistikbehörden in Deutschland rund 23 Prozent, in Österreich ebenso. In der Schweiz lag er 2016 bei knapp 22 Prozent. Auch die Politik ist nicht ausgenommen: Treffen sich 2018 alle Staats- und Regierungschef*innen der Europäischen Union zum EU-Gipfel, dann reisen 25 Männer* an und drei Frauen* – sie kommen aus Deutschland, Großbritannien und Litauen.

Die psychologische Forschung zeigt, dass sich Frauen* und Männer* in ihren Fähigkeiten mehr ähneln, als bisher gedacht. Bei der Zahl der Hochschulabschlüsse haben Frauen* Männer* im Schnitt mittlerweile sogar überholt. Wenn es nun also – so die naheliegende These – in etwa so viele Frauen* gibt, die für Führungspositionen zumindest von ihrer Ausbildung her qualifiziert wären wie Männer*: Wieso dauert es so lange, bis diese Frauen* auch oben ankommen? Liegt es an der mangelnden Motivation der Frauen*?

## GLÄSERNE DECKE ODER VIELMEHR LABYRINTH?

In den 1980er-Jahren setzten sich die Journalist*innen Carol Hymowitz und Timothy Schellhardt im Wall Street Journal mit der Beobachtung auseinander, warum es selbst erfolgreiche Frauen* nicht schaffen, in Top-Leadership-Positionen vorzudringen, als gäbe es eine unsichtbare, unüberwindbare Barriere. Die Illustration dazu – das Bild einer Frau, die sich an einer Decke aus Glas stößt – wurde schließlich berühmt. Dass diese Metapher aber in manchen Punkten missverständlich sein kann, griffen in den vergangenen Jahren zum Beispiel die amerikanischen Psychologinnen Alice Eagly und Linda Carli auf. Sie kritisieren in *Through the labyrinth: The truth about how women become leaders*, dass das Bild der »Gläsernen Decke« suggeriert, es gäbe nur eine einzige unsichtbare Barriere an einem bestimmten, bereits erreichten Karriere-Level. Das treffe aber nicht zu: Forschungsergebnisse und Erfahrungen zeigen, dass es viele Barrieren an unterschiedlichen Karrierestufen gibt. Außerdem sind nicht alle Barrieren unvorhersehbar oder schwer zu identifizieren – also gläsern. Daher schlugen Eagly und Carli statt dem Bild der »gläsernen Decke« jenes des »Labyrinths« vor, um den schwierigen Weg von Frauen in einflussreiche Positionen zu beschreiben.

Sowohl die gläserne Decke als auch das Labyrinth deuten an, dass es auf dem Weg an die Spitze Stolpersteine gibt, von denen viele systematisch und ausschließlich Frauen* (be-)hindern. Wollen manche Frauen* vielleicht deshalb nicht nach oben, weil der Weg für sie ungleich steiler, riskanter und schwerer vorhersehbar ist? Die Forschung belegt jedenfalls, dass der Weg für Frauen* weitaus anstrengender ist. In sozialpsychologischen Studien wurde in den vergangenen Jahrzehnten sehr gut erforscht, welchen besonders schädlichen Einfluss Stereotype auf das Berufsleben haben können. Während Frauen* durchschnittlich als freundlich, hilfsbereit, gefühlvoll, warmherzig und bescheiden gelten und diese Eigenschaften auch stärker von ihnen erwartet werden, gelten Männer* eher als aufgabenorientiert, dominant, zielorientiert, durchsetzungsfähig und selbstbewusst. Sie dürfen das in einem gewissen Ausmaß auch sein. Vergleicht man Anforderungen an Führungskräfte mit den Geschlechtern zugeschriebenen Eigenschaften, wird deutlich, dass sie mit den männlichen Attributen stärker übereinstimmen. Pech für die Frauen*! Denn in der Praxis sind damit verschiedene Nachteile für Frauen* denkbar. Wenn beispielsweise bei Stellenbesetzungen oder Evaluationen wenig oder unsystematisch Informationen über Personen gesammelt und verarbeitet werden, kann es leicht passieren, dass statt individueller Merkmale Gruppenstereotype zum Tragen kommen – und Männer* aufgrund der Erwartungen an sie einen Vorteil haben.

## FRAUEN* WIRKEN IM JOB SCHNELLER UNSYMPATHISCH

Nachgewiesen ist auch, dass es für Frauen* schwieriger ist, spontan als Führungskraft wahrgenommen zu werden, da Frauen* im Schnitt über weniger Attribute verfügen, die auf einen hohen sozialen Status schließen lassen, wie etwa die Körpergröße oder eine tiefe Stimme. Der Effekt zugunsten von Männern* wird zwar kleiner, wenn sich die Gruppe über einen längeren Zeitraum trifft. Viele Frauen* kennen aber möglicherweise den Effekt, sich in einer neuen Gruppe oder einer neuen Situation wieder komplett neu beweisen zu müssen.

Außerdem reicht es leider nicht, so zeigen Studien, wenn Frauen in Führungspositionen das Wissen, das Männer* sich in den vergangenen Jahrhunderten zum Thema Führung angeeignet haben, imitieren, um akzeptiert oder erfolgreich zu sein. Sie stehen stattdessen vor dem Dilemma, dass genau jenes Verhalten, das traditionell von einer Führungskraft erwartet wird (»Setz dich durch!«, »Zeig dich selbstbewusst!«), dem widerspricht, was von Frauen* erwartet wird (»Sei verständnisvoll!«, »Gib dich bescheiden!«).

Die Forschung bestätigt, dass Frauen* unsympathischer als Männer* wahrgenommen werden, wenn sie jenes Verhalten an den Tag legen, das bei Führungskräften als angemessen angesehen wird. Als Beispiel dafür kann die Bewertung der demokratischen Kandidatin Hillary Clinton im US-Präsidentschaftswahlkampf im Jahr 2016 in verschiedenen Medien herangezogen werden: Als sich Hillary Clinton im Wahlkampf als kompetent und aufgrund ihrer Erfahrungen als Außenministerin als »staatsmännisch« präsentierte – Eigenschaften, die eine Präsidentschaft erfordert –, wurde kritisiert, sie sei kalt, ein Roboter, unsympathisch, »not feminine enough«. Als sie schließlich bei einer Rede Gefühle zeigte, wurde beanstandet, sie sei zu schwach und verfüge nicht über das Format, Präsidentin zu werden. Sie sei »too emotional«. Um erfolgreich zu sein, müssen Frauen* einen neuen Stil finden, so folgerten die Sozialpsychologin Laurie Rudman und ihr Kollege Peter Glick bereits in den 1990er-Jahren: Frauen* müssten den komplexen Spagat schaffen, »maskulines« Verhalten mit »femininen« Elementen zu kombinieren. Sie müssten sich etwa zielorientiert präsentieren, aber gleichzeitig die sozialen Bedürfnisse im Team berücksichtigen.

## FRAUEN*ROLLEN: SEKRETÄRIN, EHEFRAU

Unübersehbar dabei ist, dass dies Frauen* zusätzlich zu den fachlichen Anforderungen noch eine enorme Leistung an sozialer Kompetenz abverlangt. Neben vielfach dokumentierten diskriminierenden Aufnahme- und Beförderungspraktiken finden Frauen* sich oftmals in Organisationen wieder, die historisch an einem Rollenbild gewachsen sind, welches Frauen* systematisch ausschließt oder eine Rolle als Sekretärin oder unterstützende Ehefrau zuweist, die sich auf Spielregeln und Präferenzen ausgerichtet entwickelt haben, die für Männer* ansprechender sind als für Frauen* und es ihnen erschweren, soziales Kapital im Sinne beruflicher Netzwerke aufzubauen.

Ein teilweise typisch deutscher, historisch-kulturell gewachsener Stolperstein ist die starke Zuwendung vieler Frauen* zur Kinderbetreuung. Gerade gut ausgebildete und finanziell besser situierte

Frauen* verbringen durchschnittlich deutlich mehr exklusive Zeit mit ihren Kindern, als es ihre Mütter* und Großmütter* getan haben. Zur Entspannung dieser hohen Ansprüche verweist die Entwicklungspsychologin Liselotte Ahnert auf die Bedeutung und ausgleichende, förderliche Wirkung von unterschiedlichen, stabilen Bindungspersonen. Wichtiger als die Quantität der Eltern-Kind-Zeit sei die Qualität. Die starke Hinwendung zum Familiären fordert ihren Preis. Viele Frauen* sehnen sich nach einem Gleichgewicht zwischen Familie und Karriere. Intensiv gelebte Elternschaft führt in vielen Bereichen zu einem Spannungsfeld mit dem Beruf. Viele Frauen* neigen dazu, gerade solche Aufgaben oder Dienste zu meiden, in denen Konflikte zwischen Familie und Arbeit zu erwarten sind. Dazu zählen etwa Schicht- oder Spätdienste genauso wie häufige Dienstreisen. Maßnahmen, die diesen Bedürfnissen und Interessen entgegenkommen, wie etwa »geteilte Führung« oder Wiedereinstiegsmodelle, werden, wenn überhaupt, nur langsam umgesetzt. Wesentlich ist dabei: Frauen*, die sich der anspruchsvollen Aufgabe widmen, Kinder großzuziehen und beruflich erfolgreich zu sein, können das in der Regel nicht nur aus eigener Kraft: Es braucht Unterstützung, beispielsweise durch Partner*innen, die bereit sind, einen Teil des Konflikts zu übernehmen, indem sie eigene Betreuungspflichten wahrnehmen. Es geht also bei den Frauen* häufig darum, Partnerschaften zu gestalten und Partner*innen zu finden, die ebenso wollen, dass Frauen* in Führungspositionen aktiv sind. Vereinbarkeit darf kein Frauen*thema bleiben.

## MÄNNER* WISSEN, WIE SIE IHREN PLATZ SICHERN

Es ist einfach zu behaupten, Frauen* wollten nicht in Führungspositionen. Denn dann muss man(n) auch nichts am Status quo unserer Gesellschaft ändern. Nicht zu vergessen ist, dass hochqualifizierte und besonders begabte Frauen, die Macht, Einfluss und Gestaltungsmöglichkeiten anstreben, ein Stück von dem Kuchen für sich beanspruchen, an dem auch mittelmäßig qualifizierte Männer* knabbern. Diese Männer* sitzen auch gerade deshalb auf ihren Posten, weil Frauen* in der Vergangenheit von vielen Bereichen und attraktiven Positionen ferngehalten wurden. Sie haben wirkungsvolle Praktiken und Rechtfertigungsstrategien entwickelt, um ihren Platz zu sichern. Wie in obigen Beispielen und Studien angerissen, ist der Weg nach oben für Frauen* unter den gegenwärtigen Bedingungen deutlich riskanter und schwieriger als für Männer*. Das braucht jede Menge Kraft und Ausdauer. Neben der Überwindung gesellschaftlich verankerter Stereotypen und Erwartungen geht es bei Frauen* nicht nur im Beruf, sondern auch im Privatleben darum, »gegen den Strom zu schwimmen«.

Dennoch: Eine Gesellschaft ist dann erfolgreich, wenn sie das Thema Frauen* und Leadership ins Bewusstsein rückt, denn Organisationen funktionieren dann am besten, wenn sie bei der Rekrutierung von Führungskräften aus dem vollen Talente-Pool schöpfen. Unterschiedliche Menschen bringen unterschiedliche neue Perspektiven und Ideen ein. Ideen zur Gestaltung von Organisationen, Entwicklungen oder Gesellschaften, die von Frauen* eingebracht werden, werden aktuell zu wenig berücksichtigt.

Die Zukunft des Leadership ist weiblich: In Untersuchungen zeigt sich der Trend, dass sich das traditionell maskuline Bild von

Leadership immer mehr aufweicht, aber auch, dass eine Mischung aus »maskulinen« und »femininen« Führungsstilen erfolgreicher ist. Frauen* werden als Chefinnen zudem immer mehr akzeptiert.

Es wird deutlich, dass Frauen* Führungsetagen nicht nur durch ihre eigene Qualifikation, durch Willen oder Motivation erreichen können: Es braucht eine Gesellschaft, die sich zur Bereicherung durch Diversität bekennt, die Stolpersteine systematisch ins Visier nimmt und qualifizierten Frauen* die Hand nach oben reicht. Denn die Top-Frauen* stehen bereit.

## DREI RATGEBER*INNEN

### FÜR DIE CHEFINNEN DER ZUKUNFT

**Sheryl Sandberg:**
Lean In. Women,
Work and the Will to Lead

**Jessica Bennett:**
Feminist Fight Club.
An Office Survival Manual
for a Sexist Workplace

**Lois P. Frankel:**
Nice Girls Don't
Get the Corner Office.
Unconscious Mistakes
Women Make That
Sabotage Their Careers

QuAl

Quo

TÄT

STATT

TE!

# »Qualität statt Quote!«

Bullshit zerlegt von **Larissa Lielacher**

Geschlechterquoten sind ein emotionales Diskussionsthema. Für viele Quotengegner*innen steht fest: »Quoten sind ein Eingriff in die unternehmerische Freiheit« und »Die Besten kommen sowieso ins Topmanagement«. Es gebe wohl nicht genug qualifizierte Frauen* für Posten etwa in Aufsichtsräten und »Wirklich qualifizierten Frauen ist es doch peinlich, als Quotenfrau zu gelten«. Befürworter*innen sehen sie hingegen als notwendige Maßnahme, um sehr wohl qualifizierten Frauen* endlich eine Chance auf Mitbestimmung zu geben.

In Deutschland gilt seit Mai 2015 eine Frauen*quote von 30 Prozent in Aufsichtsräten von börsennotierten Unternehmen mit über 2000 Angestellten. In Österreich trat die 30-prozentige Quote für Aufsichtsräte Anfang 2018 in Kraft. Die Schweiz hat aktuell keine solche Regelung. In anderen Ländern Europas wie beispielsweise in Italien, Frankreich oder Norwegen gibt es bereits Frauen*quoten.

## MÄNNERBÜNDE KÖNNEN KONTROLLE AUSHEBELN

Wer mit Kapitalgesellschaften und der Börse wenig am Hut hat, fragt sich vielleicht, was Aufsichtsrät*innen eigentlich machen und warum sie so wichtig sind. Großkonzerne, die meist börsennotierte Aktiengesellschaften sind, haben tausende von Anteilseigner*innen. Damit diese eine Vertretung haben, werden Menschen bestimmt, die im Unternehmen einen Aufsichtsrat formen. Dieser wählt dann die Vorstände aus, die das Geschäft führen. Der Aufsichtsrat entscheidet bei großen Transaktionen und hat die Aufgabe, den Vorstand zu beraten und zu kontrollieren, um eine ordentliche Geschäftsgebarung und optimale Ergebnisse für Aktionär*innen zu gewährleisten.

Viele stellen sich einen Aufsichtsrat als Gruppe grauhaariger Männer* in Anzügen vor. Dieses Bild kommt nicht von ungefähr: Laut einer Studie des Flossbach von Storch Research Institute im Jahr 2016 ist ein durchschnittlicher Aktionär*innenvertreter eines DAX-Konzerns 61 Jahre alt, männlich und stammt aus einem engen geschäftlichen Netzwerk. Statistisch gesehen haben Aktionär*innenvertreter in Deutschland im Schnitt rund drei Aufsichtsratsmandate. Das bedeutet, dass dieselben Menschen in gleich mehreren Aufsichtsräten sitzen. Old Boys' Clubs lassen sich diese Netzwerke also getrost nennen. Für die Kontrollfunktion von Aufsichtsräten ist das aber bedenklich. Es liegt nahe, dass man Leuten, die man gut kennt, möglicherweise weniger genau auf die Finger schaut. Daher machen Frauen* nicht nur für neue Blickwinkel in Aufsichtsräten Sinn, sondern auch, wenn sie von außen kommen und nicht dem engsten Netzwerkkreis angehören.

Warum brauchen Frauen* eine Quote, um in Aufsichtsräte zu kommen? Sind sie bisher am eigenen Desinteresse oder einer zu geringen Qualifikation gescheitert? Quotengegner*innen meinen, die qualifiziertesten und interessiertesten Menschen würden ohnehin ihren Weg in Aufsichtsräte finden. Auf den ersten Blick scheint das Argument schlüssig, dass die Besten – egal welchen Geschlechts – an die Spitze gelangen, so sie das möchten. Dem liegt jedoch die Annahme zugrunde, dass Aufsichtsrät*innen primär nach ihrer Qualifikation ausgewählt würden. Das entspricht nicht der Realität: Rechtlich gesehen ist es so, dass bei der Hauptversammlung alle Aktionär*innen darüber abstimmen, wer neu in den Aufsichtsrat geholt wird. Die Kandidat*innen, die an diesem Tag zur Wahl stehen, werden im Regelfall vom existierenden Aufsichtsrat oder von Großaktionären vorgeschlagen. Zu diesem Job kann man sich also nicht mit Leistung alleine hocharbeiten. Man kann sich nicht einmal dafür bewerben, sondern muss von einer bereits mächtigen Person vorgeschlagen werden – und schließlich einwilligen oder nicht. Genau deshalb machen Frauen*quoten Sinn: Wenn Großaktionär*innen Aufsichtsrät*innen suchen, um sie zu vertreten, so sind dies tendenziell Personen aus dem eigenen Umfeld. Im Falle von Familienunternehmen oder Konzernen, bei denen signifikante Anteile noch bei der Gründerfamilie liegen, sind Aufsichtsrät*innen deshalb oft enge Vertraute der Familie. Bei staatsnahen Betrieben werden Aufsichtsratspositionen sehr oft nach politischer Zugehörigkeit besetzt. In all diesen Beispielen ist die reine Qualifikation nicht der ausschlaggebende Faktor. Vertrauen der bisherigen Machthaber, Netzwerkzugehörigkeit oder das Parteibuch sind gewichtiger. Kurz gesagt: Eine Selektion von Kandidat*innen auf Basis reiner Qualifikation ist Bullshit.

Rhetorisch gefragt: Wie vielen Männern* ist es eigentlich peinlich, Quotenmänner zu sein? Die Männer*quote existiert – implizit, statt explizit gesetzlich, eben beispielsweise aufgrund von beruflichen oder politischen Seilschaften, oder weil Männern* aufgrund ihres Geschlechts eher Führungsqualität zugeschrieben wird *(siehe auch* »FRAUEN* WOLLEN JA GAR NICHT IN FÜHRUNGSPOSITIONEN!«*)*.

## HEADHUNTER LIEFERN: MÄNNER*

Diverse Skandale der letzten 20 Jahre führten europaweit zu einer Verschärfung der Vorschriften und zu einer Professionalisierung der Aufsichtsräte. Somit wurde auch die Bestellung von Aufsichtsrät*innen professioneller durchgeführt, bei der vermehrt Headhunter zum Einsatz kamen. Scheinbar lieferten diese aber bis vor Kurzem ebenfalls großteils männliche Kandidaten. Woran könnte das liegen?

Tatsache ist: Man stellt gern Leute ein, die so sind wie man selbst. Man fühlt sich unter seinesgleichen wohl. »Cultural fit« nennt das die Human-Resources-Fachsprache.

Headhunter wollen Geld verdienen, und das tun sie, wenn sie Kandidat*innen vorschlagen, die ins Bild der Aufsichtsräte passen und somit wahrscheinlich gewählt werden. Es bedarf einer Menge

Selbstreflexion, um die eigenen Vorurteile im Recruiting-Prozess zu erkennen und darüber hinaus noch den Willen, sie abzulegen. Vorurteile baut man am besten ab, indem man mit Personen zusammenarbeitet, gegenüber denen man Vorurteile hegt. Freiwillig auswählen wird die aber kaum jemand. Unter anderem deswegen gibt und braucht es Quoten.

## LET ME GOOGLE THAT FOR YOU

Gegner*innen von Frauen*quoten lamentieren allerdings oft, dass es gar nicht genug qualifizierte Frauen* für Aufsichtsräte gäbe, was folglich die Arbeitsqualität senken würde: Die Teufelin, die Quotengegner*innen an die Wand malen, ist die unqualifizierte Frau* in einer Entscheidungsposition. Wer jedenfalls glaubt, es gäbe nicht genug qualifizierte Frauen*, sollte dringend lernen, Online-Suchmaschinen zu bedienen. Eine einfache LinkedIn- oder Xing-Suche schlägt binnen Sekunden weibliche Führungskräfte verschiedenster Branchen vor. Wem das zu unpersönlich ist, könnte eine Frau* nach qualifizierten Frauen* in ihrem Bekanntenkreis fragen oder Veranstaltungen von Frauen*netzwerken besuchen.

Wem das wiederum zu kompliziert ist, dem hat etwa die österreichische Wirtschaftskammer das Leben leichter gemacht. Sie hat eine Aufsichtsrätinnen-Datenbank geschaffen, die aktuell über mehr als 630 Einträge verfügt. Hier finden sich Aufsichtsrätinnen, Vorständinnen, Juristinnen, Wirtschaftsprüferinnen, Managerinnen aus verschiedensten Branchen von der Automobil-Industrie bis hin zu Zahlungsverkehrsinstituten. Unternehmerinnen und

Professorinnen sind ebenfalls vertreten. Die Auswahl an qualifizierten Frauen*, so zeigt alleine dieses Beispiel, ist üppig.

Quotengegner*innen meinen außerdem, dass Quoten ein unberechtigter Eingriff in die unternehmerische Freiheit seien: Als Unternehmer*in solle man schließlich selbst entscheiden können, mit wem man den eigenen Aufsichtsrat besetzt. Klingt zunächst logisch. Beim genaueren Hinsehen zeigt sich aber, dass es sich bei Großkonzernen nicht mehr um »klassisches« Unternehmer*innentum handelt, also Risiken und Gewinne bei einem selbst liegen. Denn bei Großkonzernen liegt die Macht-, Risiko- und Gewinnverteilung zwischen Aktionär*innen, Aufsichtsrät*innen und Vorständ*innen.

Vorstände sind auf Zeit bestellte und bezahlte Manager*innen, die nicht dasselbe Risiko wie Kapitalgeber tragen müssen, deren Interesse etwa der langfristige Fortbestand des Unternehmens ist. Selbst Aufsichtsrät*innen sind manchmal an Unternehmen, für die sie arbeiten, nicht beteiligt. In dem Fall tragen sie nur bedingt die wirtschaftlichen Konsequenzen ihres Handelns. Aktionär*innen, bei denen aber sehr wohl das Risiko liegt, ihr eingesetztes Kapital zu verlieren, haben relativ wenig Macht über geschäftliche Entscheidungen. Damit schränken heterogenere Aufsichtsräte nicht die unternehmerische Freiheit ein, sondern möglicherweise die Macht der Manager in den aktuellen Strukturen. Zudem ist anzumerken, dass Freiheiten von Unternehmen auch in vielen anderen Fällen zum Wohle der Gesellschaft eingeschränkt werden. Man denke beispielsweise an Umwelt- oder Konsumentenschutz. Bei der Diversifizierung von Aufsichtsräten geht es unter anderem darum, für bessere Kontrolle zu sorgen, um beispielsweise Wirtschaftsskandale zu vermeiden.

## ZU HOMOGENE TEAMS KOSTEN GELD

Quoten sind gesetzliche Regelungen. Manchmal werden sie geschaffen, um Menschen vor sich selbst zu schützen oder Schaden von der Gesellschaft abzuhalten. Hierfür gibt es viele Beispiele wie den Nichtraucherschutz, Umweltschutz oder Pflichtversicherungen. Das menschliche Gehirn scheint nicht unbedingt auf optimale Risikobewertung und langfristiges Denken ausgerichtet zu sein. Wäre es das, so würde der Markt aufgrund wissenschaftlicher Ergebnisse von McKinsey, PricewaterhouseCoopers oder dem Peterson Institute for International Economics schneller nach diversifizierteren Teams verlangen. Zu homogene Teams kosten nämlich Geld, da sie weniger Kontrolle und Erfolgsdruck ausüben, halten beispielsweise Christian Andres, Inga van den Bongard und Mirco Lehmann im *Journal of Business Finance & Accounting* 2013 fest. Das spüren Aktionär*innen bei Dividenden, Arbeitnehmer*innen bei ihren Gehältern und damit letztlich die Gesellschaft.

Quoten ermöglichen diverse Teams und frischen Wind für die Wirtschaft. Klar, niemand gibt freiwillig Macht und Geld ab, und somit ist es nicht verwunderlich, dass sich platte Phrasen wie »Qualität statt Quote!« hartnäckig halten. Doch diese sind großteils Bullshit.

## AUSWAHLKRITERIEN

### FÜR AUFSICHTSRÄT*INNEN

1. Netzwerk
2. Netzwerk
3. Netzwerk
4. Netzwerk
5. Sichtbarkeit
6. Timing
7. Qualifikation

VERS

DU

SPAS

TEHST

KEINEN

?

# »VERSTEHST DU KEINEN SPASS?«

Bullshit belächelt von **Reyhan Şahin** aka **Lady Bitch Ray**

Als ich anfing, unter dem Namen Lady Bitch Ray als erste Frau perversen Pornorap zu machen und mich stolz dabei als »Bitch« zu präsentieren, haben sich die meisten vor mir geekelt. Es waren eher Männer, die das gefeiert haben. »Todeswitzig« fanden mich viele, »Entertainment pur!« oder »LOL« lauteten die Kommentare unter meinen Videos. Natürlich immer nebst Parolen wie »Die muss mal richtig gefickt werden!« oder »Die braucht mal 'n richtig harten Schwanz!« Da brauchte ich nicht einmal Witze zu scheißen. Wenn ich die Bühne oder die Öffentlichkeit betrat, wurde schon geschmunzelt, bevor ich überhaupt etwas sagte. Mein Witz, mein Humor schienen meinem Ruf vorauszueilen, ohne dass die Leute verstanden hatten, worüber ich sprach. »Hahahahaha!!! Lach nicht so blöd!«, wollte ich oft kontern.

## MUSS BITCH ALLES ZEHNMAL ERKLÄREN?

Heute, zehn Jahre später, finden mich die Herren gar nicht mehr so witzig, wenn ich über gesellschaftspolitische Dinge und Geschlechtergerechtigkeit spreche oder meine feministischen Absichten kundtue. Ja, man will mir sogar emanzipatorische Inhalte absprechen. »Laber doch nicht, bei dir ging's doch niemals um Emanzipation!«, schrieb ein Typ letztens in die Kommentarspalte auf YouTube. »Nie, nie, nie im Leben hat die das deswegen gemacht«, ein anderer. »Du warst so cool früher, jetzt bist du so verbittert wie Alice Schwarzer!« Oder auch: »Wer sich selbst als ›Schlampe‹ bezeichnet und so eine Musik macht, sollte im Glashaus nicht mit Steinen werfen.«. Da will bitch sich am liebsten mit Edding das Facepalming-Women-Emoji als Dauerbild auf die Stirn malen und so durch die Weltgeschichte gehen. Bin ich die einzige, die das merkt, oder habt ihr alle Bullshiteritis, Bitches?!

Was denken diese Jungs eigentlich, worum es bei mir geht? Was wollte ich wohl mit Songs wie »HengztArztOrgie« bezwecken? Der Song war eine Hommage an die drei »Pornorapper« Frauenarzt, King Orgasmus One und Bass Sultan Hengzt. Die ersten beiden waren damals für ihre schlechten Porno-Musikvideos bekannt, für die sie Sexarbeiterinnen aus Osteuropa importierten, um sich rappend danebenzustellen, wenn diese am Schwanz des Mannes* lutschten. Sie hatten nicht einmal die Eier, selbst am Geschlechtsakt teilzunehmen. Wie kleine Jungs zeigten sie beschämt auf den Koitus, der sich neben ihnen abspielte. Mein Song »HengztArztOrgie« ist sozusagen die Antwort auf so eine Erniedrigung der Frau*, in jeder der drei Strophen ficke ich diese Pornorapper mit meiner dicken Klit nieder. Ich möchte ihnen zeigen, was es heißt, mit einer aktiven, selbstbestimmten Frau zu vögeln, anstatt mit einer Sexarbeiterin, die für Geld tun muss, was der Mann* von ihr auf eine unterwerfende Weise verlangt – im schlimmsten Fall natürlich. Heutzutage gibt es eine regelrechte Rückentwicklung im Deutsch-Rap: Die Bitch schmückt arschwackelnd wieder als Objekt der Zierde die fetten Karren des Möchtegern-Gangster-Rappers und auch die der ach-so-emanzipierten neuen weiblichen Rapperinnen. Das Wort »Bitch« wird wieder im patriarchalischen Kontext für die Kontrolle und Bewertung der Sexualität der Frau* verwendet. Wieder ist die Bitch die leichtlebige Frau*, bei der es gilt, ihr Sexualverhalten zu degradieren. Es kommt noch besser: Mittlerweile schicken Rapperinnen ihre weiblichen Groupies auf'n Strich und brüsten sich mit dieser Geste, als bedeute sie Emanzipation. Bloß: Wer weiß um diese aktuellen Entwicklungen, und wer genau kennt die Absichten meiner Musik – außer ein paar wenige kritische Feminist*innen? Muss bitch denn alles zehnmal so detailliert erklären, verdammt nochmal!

## KRITISCH-KLITISCHE FEMINIST*INNEN CHECKEN ES

In diesem Sinne wird teilweise auch meine Selbstbezeichnung »Bitch« in meinem Namen rezipiert. Bitch = Schlampe? Och, jemineee! Was ich ursprünglich als pussytive Reclaiming-Strategie für weibliche sexuelle Selbstbestimmung und gegen Slutshaming-Mechanismen entwickelte, wurde von der Mehrheit ins Gegensätzliche verkehrt. Denn die Bitch, die sich selbstbestimmt aussucht, mit wem sie fickt; die Bitch, die ihren Körper wertschätzt und sich nicht patriarchalen Schwanzstrukturen unterwirft; die Bitch, die sich mit dieser Umdeutung des Begriffs empowert und ihren Schmerz bei Diffamierung lindert und dadurch unverletzbar wird, diese Bitch haben die wenigsten verstanden. »Wie können Sie sich selbst nur als Schlampe betiteln?«, versuchte mich die selbsternannte »Feministin« Birgit Kelle in einer ZDF-Talkshow zu maßregeln. »Tja, wo soll man da anfangen?«, staunte ich zurück. »Bei den Riot Grrrlz? Bei der Umdeutung von Geusenwörtern? Oder generell bei ignoranter Dummheit?« Am liebsten hätte ich lauthals »Stop that Bullshit, please!« geschrien und wäre mit zugehaltenen Ohren rausgerannt. Auch irritieren mich Frauen*, die zu mir kommen und sagen, dass sie deshalb auch eine »Bitch« seien, weil sie mit jedem, der ihnen über den Weg läuft, ficken. Aber das sei so frustrierend, weil sie sich danach »so leer« fühlten und ihnen diese Ficks nichts geben. Da sträuben sich bei mir die Pussyhaare! Versteht mich nicht falsch, natürlich bin ich für sexuelle Selbstbestimmung und jede*r soll sich sexuell so ausleben, wie es ihr*ihm gefällt. Aber Bitch zu sein heißt nicht per se, dass frau mit jedem gleich ins Bett springen soll! Genau darum ging's in meinem Song »Bitch ist ...«. Und wer hat's verstanden? Ich selber und einige kritisch-klitische Feminist*innen, na Prost Mahlzeit!

## DIE »ECHTE WISSENSCHAFT« DER MÄNNER*

Im von mir auch gerne als »Fuckademia« bezeichneten Wissenschaftsbetrieb sieht das nicht anders aus. Dort gibt es überwiegend weiße, alte Männer*, die die Plätze behirschen, wenige Frauen* und unter diesen wenigen Frauen* noch weniger coole Bitches.

Meine Mösigkeit muss sich nach dem Verständnis solcher Platzhirsche erst einmal erklären und die eigene Wissenschaftlichkeit beweisen. »Fuck you!«, lautet da meine Haltung! Von wegen schlaue, studierte Leute und so. Im letzten Semester musste ich dem Veranstaltungsbüro der Universität die Inhalte meines Seminars »Kopftuch, Hip Hop und Bitchsm – unterschiedliche feministische Perspektiven der Sprach-, Zeichen- und Islamwissenschaft« nicht nur genauestens erläutern, sondern vorab gleich Theorien mitliefern. Verlangen sie das von anderen Profs oder wissenschaftlichen Mitarbeiter*innen auch? Natürlich nicht. Vor allem zum letzten der drei genannten Aspekte – zu Bitchsm – wollten sie Literatur sehen als Beweis dafür, dass es sich auch um »echte Wissenschaft« handelt. Also gab ich als erstes Fundament mein Werk BITCHSM an und einige Kliteratur zur Riot Grrrl-Bewegung, Missy Elliott und generell zum Black Female Hip Hop aus den 1990ern. Ich hoffe, die Damen und Herren vom Veranstaltungsbüro haben's gelesen und sich zumindest amüsiert.

Ein anderes Mal hat sich die geisteswissenschaftliche Fuckultät der Universität zu Köln im Jahr 2015 mit Händen und Füßen dagegen gewehrt, dass mein BITCHSM-Seminar Nr. II stattfindet: Ich wurde von einem ihrer wissenschaftlichen Mitarbeiter dorthin eingeladen, der meine Arbeit bewunderte. Der vaginalen Göttin der Gerechtigkeit sei Dank, blieb der Gegenwind ohne Erfolg: Mein Seminar fand trotzdem statt und war mit über 800 Besucher*innen die meistbesuchte Veranstaltung in der Geschichte der Universität zu Köln. Regelmäßig kriege ich über vier Ecken mit, dass sich (meist männliche, manchmal aber auch weibliche Profs) strikt dagegen wehren, wenn mich eine ihrer jüngeren wissenschaftlichen Mitarbeiter*innen für einen Textbeitrag in einem Sammelband vorschlägt. Warum? Das sei ja gar keine Wissenschaft, was ich mache! Was ist es denn sonst, ihr Arschlöcher! Da kann sich bitch ja gut vorstellen, was passiert, wenn solche Typen Gutachter*innen sind für Forschungsanträge, die bitch regelmäßig in Forschungsinstitutionen und/oder Stiftungen einreicht. Ich komme mir oft vor wie eine abgegrenzte Insel innerhalb der Fuckademia – und bin heilfroh, dass es zumindest die wenigen (queer-)feministischen Wissenschaftler*innen gibt, denen ich mich nicht zu erklären brauche. Na, wenigstens treffe ich jetzt öfter auf kluge und kritische Student*innen, die mich und meine Theorien verstehen und verinnerlichen. Manchmal bin ich froh, dass Menschen altern und viele meiner Student*innen zunehmend wichtige Posten besetzen. Eines schönen Tages muss ich hoffentlich nicht alles mehrfach erklären, Inşallah!

Natürlich ist es immer leichter, sich über sichtbar weiblich-vulgäre Fassaden aufzuregen, Frauen* wie mich »zu krass!« zu finden und »Angst« vor ihnen zu haben, als sich hinzusetzen und sich einige Gedanken über die Rolle der Frau* innerhalb der Gesellschaft zu machen. Diese »Angst« vor der lauten, auf irgendeine Weise im sexuellen Kontext stattfindenden Frauen* ist eher ein Ausgrenzungsmechanismus als ein Selbstschutz, der in unserer Gesellschaft leider unhinterfragt legitimiert ist. Komischerweise haben wir Frauen* und/oder Queers nie Angst vor dummen sexistischen Witzen, stattdessen lachen wir sie aus oder kontern gekonnt.

Subversive Kunst muss im deutschsprachigen Raum immer noch und immer wieder erklärt, etikettiert und am besten vorgekaut werden. Genauso ist es mit Feminismus. Nur eine Frau*, die mit ernster Miene ihre Vorhaben als feministisch erklärt, wird als solche akzeptiert. Ein total veraltetes Bild eigentlich. Und explizit-erklärten und plausiblen Feminismus finde ich persönlich so was von unsexy und unwirksam, weil er durch das Wiederholen zu Tode gedeutet wird und die Subversivität so leider oft außen vor bleibt. Damit meine ich nicht, dass bitch feministische Inhalte nicht erklären sollte, sondern dass die Vermittlung mehr künstlerisch, subversiv, humorvoll und trotzdem in ihrer Ernsthaftigkeit verständlich sein könnte. Ich glaube fest daran, dass das besser funktioniert! Auch die stumpfe Wiederholung, dass man selbst »Feministin« oder das, was man macht, »feministisch« sei, nervt mich in vielen Debatten, auch wenn ich verstehen kann, warum das Bitches so hervorheben. Ich jedenfalls entferne mich von der Selbstbezeichnung »Feministin«: Denn ich bin eine Bitch, Votze, Nutte, Hure, Schlampe, Hoe, Whore und, wie ich in meinem letzten Song auch festgestellt habe, eine »Queen Oruspuh« (oruspu, türk. = Nutte)! Und das kann mir keiner nehmen, keiner der Bullshit-labernden Vollpfostenhonks auf dieser Welt!

## ZEHN FRAUEN

### DIE WISSEN, WIE SPAß GEHT:

1 – Denice Bourbon
2 – Hazel Brugger
3 – Ellen DeGeneres
4 – Lisa Eckhart
5 – Negin Farsard
6 – Tina Fey
7 – Hannah Gadsby
8 – Lady Bitch Ray
9 – Stefanie Sargnagel
10 – Amy Schumer

# ACHT
# BITCH

UNG,

FIGHT!

# »Achtung, Bitch Fight!«

Bullshit zur Hölle geschickt von
**Sandra Nigischer & Martina Schöggl**

Mit Frauen* zusammenarbeiten? »Achtung, Bitch Fight!« Frauen* unter sich? »Da ist Zickenkrieg vorprogrammiert.« Viele Frauen im Büro? »Na dann, viel Spaß beim Weibercatchen.« Klischees, die vermeintlich »weibliches« Verhalten abwerten, halten sich hartnäckig. Tiermetaphern wie »Zicke« oder »Stutenbissigkeit« naturalisieren bestimmtes zwischenmenschliches Verhalten obendrein. So als könnten Frauen* gar nicht rational entscheiden, wie sie Konflikte austragen wollen. Viel eher würden sie einander behindern, wenn sie nicht gerade am Lästern sind.

Gleich vorweg: Dass das Bullshit ist, belegen unter anderem Frauen*netzwerke wie die Sorority. 2014 gegründet mit dem Anspruch, ein Gegengewicht zu männlichen Seilschaften zu bilden, umfasst der ehrenamtliche Verein heute rund 600 Mitglieder. Neben monatlichen Netzwerktreffen, Weiterbildungsworkshops oder kulturellen Veranstaltungen interagieren zudem fast 3.000 Sorority-Sympathisantinnen miteinander online. Ohne Solidarität, dem Bekenntnis, einander zu unterstützen und der Überzeugung, dass Frauen* kein bisschen weniger großartig sind als Männer*, wäre das Projekt wohl binnen kürzester Zeit gescheitert. Das Gegenteil ist der Fall: Die Sorority wächst kontinuierlich.

## ZUSAMMENHALT BIETET VORTEILE

Weiblicher Zusammenhalt ist nicht zuletzt deshalb wichtig, weil sich Frauen*netzwerke als Strategie gegen Ausschlüsse durch männlich geprägte Machtstrukturen verstehen lassen. Denn Bünde von Männern*, die bis in die jüngste Vergangenheit auch ausschließlich Männern* zugänglich waren, gibt es historisch betrachtet wesentlich länger als Frauen*netzwerke. Solche Vernetzungen und Kooperationen – ob informell oder institutionalisiert – bieten Vorteile für jene, die daran teilhaben: Zu ihnen gehört beispielsweise, Zugang zu wichtigen Informationen zu erhalten, die nur einem kleinen, privilegierten Kreis zugänglich sind oder (noch) nicht öffentlich. Funktionen von Männer*netzwerken analysiert beispielsweise Psychologin Dagmar Schmelzer-Ziringer in ihrer Dissertation: Das Gefühl der Zugehörigkeit zählt sie dazu und die strategische Fähigkeit zum Abstecken von Interessen und zum Machterwerb. So lässt sich auch nachvollziehbar begründen, warum es Frauen* als kooperatives Kollektiv braucht: um neue, eigene Räume einzunehmen, in denen neue Verantwortungen übernommen und gemeinschaftliche Interessen durchgesetzt werden können. Das Ziel? Machtausgleich.

Warum haben Frauen* eigentlich relativ spät begonnen, sich zu vernetzen? Überlegungen dazu stellt etwa Philosophin Simone de Beauvoir in ihrem berühmten Werk *Das andere Geschlecht* an:

Indem Frauen* lange von öffentlichen Machtpositionen ausgeschlossen waren und nur erreicht hätten, was ihnen Männer* zugestehen wollten, hätten sie gelernt, männliche Autorität zu akzeptieren und untereinander nie eine geschlossene Gesellschaft gebildet. Vielmehr waren sie Bestandteil eines von Männern* beherrschten Kollektivs, in dem sie einen untergeordneten Platz eingenommen haben. Die folgende Zeile lässt sich beinahe als Bullshit-Antwort auf »Achtung, Bitch Fight!« lesen, wenn Beauvoir schreibt: »Wer der Frau, indem er sie in die Grenzen ihres Ichs oder ihres Heims verbannt und alles, was an Eitelkeit, Argwohn, Bosheit etc. darauf folgt, zum Vorwurf macht, beweist Inkonsequenz.« Apropos Inkonsequenz. Für Männer* gelten ohnehin andere Maßstäbe: Kräftemessen in Meetings oder Dominanz-, Konkurrenzverhalten und Wettbewerb gehören im Job als Mittel der Machterlangung irgendwie dazu.

Natürlich gibt es immer wieder Arbeitskolleginnen, die einem bei Gelegenheit das Messer in den Rücken rammen würden, räumt Psychologin Lois P. Frankel in ihrem Bestseller *Nice Girls Don't Get the Corner Office* ein. Das gelte aber in gleichem Maße für männliche Kollegen, von denen dasselbe zu befürchten sei. Warum viele dennoch den Fokus auf eine vermeintlich »weibliche« Unkollegialität legen, hat für Frankel unter anderem folgende Gründe: Zum einen sei es sozial akzeptierter, auf Schwächen von Frauen* hinzuweisen als auf jene von Männern*. Zum anderen hätten Frauen* beruflich oft weniger Chancen und müssten sich diese härter erarbeiten – was angesichts einer Knappheit an Möglichkeiten eher Konkurrenzdenken bedinge. Die Folge: Frauen* könnten sich fälschlicherweise gegenseitig eher als Herausforderinnen sehen. Das gängige Klischee des sogenannten »Queen-Bee-Syndroms« ist zudem übrigens empirisch kaum belegt, wie Psychologin Schmelzer-Ziringer festhält: Es beschreibt das Verhalten, dass erfolgreiche Frauen* Kolleginnen unter ihnen kritischer beurteilen würden als männliche Mitarbeiter in ihren Teams. Die Angst um den Verlust eigener errungener Privilegien, des eigenen Solo-Status soll dafür der Grund sein. Laut Schmelzer-Ziringer gibt es aber mehr Belege für den umgekehrten Fall: »Trotz der schwierigen Bedingungen, die Frauen* als Netzwerkerinnen haben, bemühen sie sich, jüngere Frauen* zu fördern, auch wenn sie selbst nur selten von Frauen* gefördert wurden.«

## Geteiltes Wissen als wichtige Ressource

Anderen zu helfen bedeutet natürlich nicht, den eigenen Erfolg automatisch zu gefährden, als wäre er eine begrenzte Ressource. Netzwerkakteur*innen wissen das. Sie sind insofern wechselseitig aufeinander angewiesen, analysiert Schmelzer-Ziringer, als sie sich dessen bewusst sind, ihre Interessen und Ziele eher via Vernetzung und Zusammenlegung von Ressourcen wie Wissen, Kompetenz, Geld oder Information verfolgen und erreichen zu können, denn als Einzelne. »Einzelne, die Zeugnis ablegen, verändern die Geschichte nicht; das können nur Bewegungen, die ihre soziale Welt begreifen«, hielt auch die US-amerikanische Journalistin und Kulturkritikerin Ellen Wills fest.

Wie lassen sich Netzwerke bilden? Und was bedeutet Solidarität, wie sie die Sorority etwa in ihrem Motto »Solidarity, Sister!« propagiert? Solidarität bedeutet, sich gegenseitig auf die Schulter zu klopfen, sich im Bewusstsein zu begegnen, dass Frauen* in verschiedenen Variationen struktureller Diskriminierung ausgesetzt sind, je nach ökonomischem, sozialem oder kulturellem Background, und oft schon allein wegen ihres Frau*seins anders bewertet werden. Solidarität bedeutet, sich in Respekt und auf Augenhöhe zu begegnen, andere Leistungen anzuerkennen und mitzuhelfen, sie sichtbar zu machen. Solidarität bedeutet, füreinander einzustehen und bei blöden Witzen über Kolleginnen* nicht wegzuhören, sondern dagegenzuhalten. Die Vorteile liegen auf der Hand: Gemeinsam lassen sich Probleme besser lösen, zu denen einem selbst vielleicht die Zugänge fehlen. Teamplayer*innen teilen Erfahrungen, die anderen bei der Entscheidungsfindung helfen, schärfen in Diskussionen Argumente und wägen Meinungen ab, bieten einander Hilfe an und holen sie ein, konsultieren im Netzwerk Expert*innen bei Fachfragen, knüpfen Kontakte und geben sie weiter oder tauschen frauenspezifische Informationen aus, etwa zu genderpolitischen Karrierefragen. Mit den Ressourcen eines Kollektivs lassen sich Hürden oft schneller und kreativer meistern als in Organisationen mit ausschließenden Hierarchien, in denen die Rede-, Vorschlags- oder Entscheidungsrechte oft bei wenigen Privilegierten liegen. Mit positiv gestimmten, konstruktiven und solidarischen Mitstreiter*innen im Rücken lassen sich Querschüsse von anderen Kolleg*innen oder Seilschaften außerdem besser verdauen.

## ALLE GESCHLECHTER PROFITIEREN

Die wird es nämlich weiterhin geben: Menschen, die Frauen* beispielsweise als »stutenbissig« degradieren und sich »Bitch Fights« sogar herbeiwünschen, sei es zur eigenen, unmittelbaren Belustigung, zum schnellen Sieg im Büro-Kleinkrieg oder schlicht, um gesellschaftliche Machtverhältnisse zu zementieren. Autorin Laurie Penny sieht das in ihrer Essaysammlung *Bitch Doctrine* ähnlich: »Die größte Angst ist mit der Vorstellung verbunden, Frauen könnten künftig womöglich zusammenarbeiten. Dass Frauen sich organisieren – statt um die Aufmerksamkeit von Männern zu buhlen, wie es richtig und natürlich wäre –, ist schon beängstigend genug. Eine Welt, in der Frauen die Verantwortung übernehmen, ist schlicht undenkbar; sie sich dennoch vorzustellen bedroht akut die Identität jener, die für ihr Selbstbild schon immer eine Geschichte brauchten, in der die Männer oben sind.«

Dass diskriminierende Geschlechterverhältnisse letztlich allen schaden, liegt auf der Hand. Ohne ihr Aufbrechen durch feministische Bewegungen hätte es Errungenschaften wie das aktive und passive Frauen*wahlrecht, den Universitätszugang für Frauen*, die Straffreiheit von Schwangerschaftsabbrüchen oder die Strafbarkeit von häuslicher Gewalt und Vergewaltigung in der Ehe nie gegeben. Auch Männer* profitieren vom Abbau schädlicher Stereotype, wie jenem des erfolgreichen Mannes*, der alles unter Kontrolle haben muss: Dafür reicht ein Blick auf männlich dominierte Gewalt-, Sucht- oder Suizidstatistiken, die viele Untersuchungen auf gesellschaftlich tradierte Konstrukte von Maskulinität zurückführen.

## VIERZEHN TIPPS

### WIE GEHT SOLIDARITÄT?

1 – Sei anderen Frauen* eine Fürsprecherin, auch in deren Abwesenheit!

2 – Empfiehl Kolleginnen weiter und erhöhe so ihre Sichtbarkeit!

3 – Stelle ihnen hilfreiche Leute vor!

4 – Hilf Jüngeren, Spielregeln im Job schneller zu durchschauen!

5 – Gib ehrliches Feedback!

6 – Biete Frauen* Rückhalt, wenn über sie gelästert wird.

7 – Verzichte auf frauenspezifische Schimpfwörter und Abwertungen!

8 – Unterstütze Frauen* in Meetings und wiederhole ihre guten Ideen!

9 – Hilf ihnen, gehört zu werden, und nenne ihre Namen.

10 – Schlage Frauen* für offene Stellen, als Expertinnen oder Vortragende vor.

11 – Feiere Kolleginnen*, wenn sie erfolgreich sind!

12 – Erzähle Mädchen*, dass sie nicht dünn, schön und nett sein müssen, um geliebt zu werden, wichtiger sind Macht, Intelligenz und Autonomie!

13 – Lege dein Veto ein bei sexistischen Phrasen, im Job, in der Familie und auf Social Media!

14 – Sei Teil eines Frauen*netzwerks oder schaffe dein eigenes!

# Anhang

# TEAM

© Rußmann

**ERZA ARUQAJ** hat Wirtschafts- und Sozialwissenschaften an der Wirtschaftsuniversität Wien studiert. Sie arbeitet als Ökonomin in Wien und Brüssel. Seit 2017 ist Aruqaj Vorstandsmitglied des österreichischen Frauen*netzwerks Sorority und co-organisiert den feministischen Lesekreis Salon Sorority.

© Storck

**ROMEO BISSUTI** hat Psychologie mit Schwerpunkt Geschlechterforschung und Grundlagen der psychosozialen Versorgung in Wien studiert und ist freier Mitarbeiter in der Wiener Männerberatung. Er ist Mitgründer des Männergesundheitszentrums MEN, dem er seit 2007 vorsteht. Ehrenamtlich steht er dem Verein White Ribbon Österreich vor.

© *Baumgartner*

**DENISE KORENJAK** hat ihre Ausbildung zur Grafik- und Kommunikationsdesignerin an Der Graphischen in Wien absolviert. Nach zehn Jahren Agenturerfahrung ist sie seit 2015 als selbstständige Designerin tätig und hat Erscheinungsbilder und grafische Umsetzungen für Unternehmen wie Verbund, Österreichischer Integrationsfonds oder die MedUni Wien entwickelt.

© *Threlfall*

**FRÄNZI KÜHNE** gründete 2008 gemeinsam mit zwei Partnern eine Agentur für Digital Business: Torben, Lucie und die gelbe Gefahr (TLGG). Seit 2017 ist sie Aufsichtsrätin der Freenet AG und damit Deutschlands jüngstes Aufsichtsratsmitglied eines börsennotierten Unternehmens. Seit März 2018 sitzt sie zudem im AllBright-Stiftungsrat.

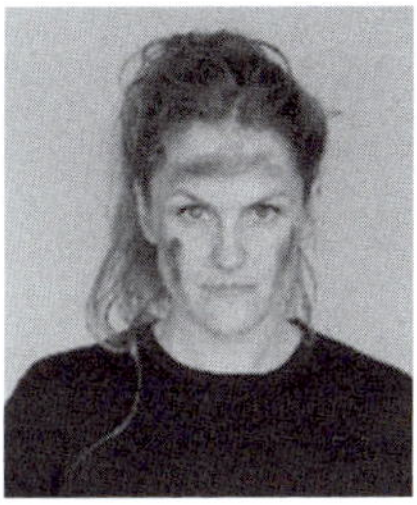

© *Aleknaviciute*

**CESY LEONARD** ist Graffitiartist, Künstlerin und Filmemacherin. 2009 begann sie Filme zu drehen. Diese Arbeit führte sie 2010 zum Zentrum für Politische Schönheit, das sie mittlerweile mit zwei Mitstreitern leitet. Ihr Film »Schuld. Die Barbarei Europas« gewann 2012 den Web Video Award. »Montags Tanzen« lief 2015 unter anderem auf dem Max Ophüls Festival in Saarbrücken.

© *Kravitz*

**LARISSA LIELACHER** wuchs in London und Monaco auf. Die Österreicherin studierte Bank- und Finanzwirtschaft sowie Finance mit der Spezialisierung auf Finanzmathematik. In mehreren Ländern arbeitete sie in Start-ups und Großkonzernen – und zwar in den Bereichen Kapitalmärkte, Treasury und Strategieentwicklung. Sie ist Aufsichtsrätin eines Immobilienkonzerns in Österreich.

© *Rußmann*

**KATHARINA MADER** ist Volkswirtin. Für ihre Doktorarbeit erhielt sie den Dr.-Maria-Schaumayer-Preis sowie den Gabriele-Possanner-Förderungspreis. Seit 2011 ist sie Assistenzprofessorin am Institut für Institutionelle und Heterodoxe Ökonomie der Wirtschaftsuniversität Wien. Zu ihren Forschungsschwerpunkten zählen Feministische Ökonomie und Ökonomie des Öffentlichen Sektors.

© *privat*

**CHRISTOPH MAY** bloggt auf mensstudies.eu kritisch über Männlichkeiten. Der Germanist kommt aus der hypermaskulinen Graffiti-Szene Berlins und schreibt seine Dissertation über Männlichkeit im Graffiti. May berät Unternehmen in Genderfragen. Er hält Vorträge über Superheroes, Outlaws, Ex-Bullen und Killer-Maschinen.

© Heider-Sawall

**ANNE MARIA MÖLLER-LEIMKÜHLER** ist leitende Sozialwissenschaftlerin an der Psychiatrischen Klinik der Ludwig-Maximilians-Universität München und außerplanmäßige Professorin für Sozialwissenschaftliche Psychiatrie an der Medizinischen Fakultät der LMU. Forschungsschwerpunkte sind u.a. Gender und psychische Störungen, insbesondere Depression und Gewalt bei Männern.

© Rußmann

**SANDRA NIGISCHER** studierte Germanistik und Theater-, Film- und Medienwissenschaft. Sie arbeitet derzeit als Chefin vom Dienst bei der Tageszeitung Der Standard und lebt in Wien. Nigischer ist Gründungsmitglied der Sorority und seit 2014 im Vorstand des ehrenamtlichen Vereins.

© Wuppinger

**TUULIA ORTNER** studierte Psychologie in Wien und promovierte als Stipendiatin der Österreichischen Akademie der Wissenschaften. Seit 2012 ist sie Universitätsprofessorin in Salzburg und erforscht unter anderem, welche Testmerkmale und -situationen dazu beitragen, dass Geschlechtsunterschiede auftreten und was Frauen ausmacht, denen Führungspotenzial zugeschrieben wird.

© Creative Commons

**ANNE ROTH** ist Mitbegründerin der Plattform Speakerinnen.org, die Frauen im beruflichen Kontext sichtbarer machen möchte und für genderausgewogene Besetzungen auf Podien eintritt. Die Politologin arbeitet derzeit als Wissenschaftliche Mitarbeiterin von Anke Domscheit-Berg im Deutschen Bundestag.

© Ruck

**NORA RUCK** ist Assistenzprofessorin für Psychologie an der Sigmund-Freud-Privatuniversität Wien. In ihrer Forschung interessiert sie sich für die Verbindungen zwischen Psychologie, gesellschaftlichen Ungleichheiten sowie sozialen Bewegungen. Sie ist Mitherausgeberin der Zeitschrift Psychologie und Gesellschaftskritik.

© Laser

**REYHAN ŞAHIN AKA LADY BITCH RAY** lebt in Hamburg und ist Wissenschaftlerin, Rapperin, Performance-Künstlerin sowie Autorin. Ihr Fokus liegt auf Sprachwissenschaften, Semiotik sowie Gender- und Islamforschung. Ihre Postdoc-Studie hat sie zu religiösen Darstellungen von Muslim*innen in sozialen Netzwerken durchgeführt.

© Sargnagel

**STEFANIE SARGNAGEL** arbeitet als Autorin und Zeichnerin in Wien. Schulabbruch, Kunststudium und Callcenter-Erfahrung hat sie in Form von Facebook-Statusmeldungen festgehalten und in ihrem Buch Binge Living veröffentlicht, drei weitere Bücher folgten. 2016 erhielt sie die Publikumstrophäe beim Ingeborg-Bachmann-Preis. Sargnagel ist in der Burschenschaft Hysteria aktiv.

© Trede

**MARTINA SCHÖGGL** arbeitet als Kulturmanagerin und Kuratorin in Wien. Sie war unter anderem für das Österreichische Museum für angewandte Kunst und die Universität für angewandte Kunst Wien tätig. Sie beschäftigt sich mit digitaler Kultur und ist als Gründungsmitglied der Sorority seit 2014 im Vorstand des Vereins tätig.

© Öko-Institut e. V.

**MANDY SCHOßIG** unterstützt die Plattform Speakerinnen.org ehrenamtlich und arbeitet hauptberuflich in der Kommunikationsabteilung bei einem unabhängigen Forschungsinstitut für Nachhaltigkeitsfragen. Davor arbeitete die Deutsche beim WWF als Campaignerin zu den Themen Klimaschutz und Emissionshandel.

© Novotny

**MELINDA TAMAS** hat Kultur- und Sozialanthropologie sowie Human Rights studiert. Sie arbeitet seit 2001 als Forscherin, Übersetzerin und als Trainerin in der Politischen Bildungarbeit. Ihr Fokus liegt auf Antidiskriminierung, Antiradikalisierung, Gewaltprävention, Interkultureller Sozialkompetenz und Kommunikation.

© privat

**KARIN WETSCHANOW** studierte Sprachwissenschaft in Wien und arbeitete am Institut für Sprachwissenschaft. Nun ist sie als freie Lektorin und Wissenschaftlerin tätig. Ihre Schwerpunkte sind Genderlinguistik, Kritische Diskursanalyse und Schreibforschung. Sie ist Mitautorin der 1997 veröffentlichten ministeriellen Richtlinien für einen geschlechtergerechten Sprachgebrauch in Österreich.

© Puiu

**LAURA WIESBÖCK** ist Soziologin an der Universität Wien. Sie forscht zu Formen und Ursachen von sozialer Ungleichheit sowie deren (Re-)Produktion durch Sprache. Für ihre akademische Arbeit wurde sie mit dem Theodor-Körner-Preis 2016 und dem Bank-Austria-Forschungspreis 2018 ausgezeichnet.

© privat

**BETTINA ZEHETNER** ist promovierte Philosophin und Lehrbeauftragte am Institut für Philosophie in Wien. Sie forscht am Institut für frauenspezifische Sozialforschung zu den Schwerpunkten Gewalt, Trennung und Onlineberatung. Zehetner ist außerdem psychosoziale Beraterin und koordiniert das Projekt »Frauen beraten Frauen«.

© Schellhöh

**DANIEL PASCAL-ZORN** ist Philosoph, Historiker und Literaturwissenschaftler aus Bochum. Er ist Co-Autor des 2017 erschienenen Bandes *Mit Rechten reden*. Ende 2017 erschien seine Einführung in die Philosophie. Zorn tritt in der öffentlichen Debatte vor allem als Argumentationslogiker und Diskursanalytiker auf.

# REGISTER


Argumentation 20, 75, 86
Armut 83, 84
Arbeitsmarkt 56, 59, 83, 119, 121

Diskriminierung 17, 40, 55, 61, 79, 92, 93, 94, 176
Diskurs 11, 26, 118
Diversität 75, 133, 149

Ehe 84, 134, 177
Eltern 82, 85, 87, 121, 137, 147
Erfahrung 30, 39, 40, 67, 69, 92, 119, 124, 143, 145, 176

Familie 10, 19, 76, 82, 92, 99, 109, 121, 123, 124, 125, 135, 136, 138, 147, 179
Feminismus 11, 74, 78, 79, 90, 91, 92, 93, 94, 95, 132, 137, 138, 139, 168

Geschlechterrollen 11, 56, 94, 95, 118
Gehalt 54, 77, 83, 158
Gewalt 45, 48, 77, 78, 83, 111, 134, 177
Gleichstellung 78, 118, 119

Haushalt 57, 68, 133, 135
Hysterie 95, 108

Identität 11, 45, 99, 125

Karriere 76, 82, 84, 85, 86, 118, 121, 122, 124, 125, 135, 136, 142, 143, 147
Klasse 39, 76
Kultur 29, 38, 45, 46, 75, 109, 110, 111, 118, 122, 123, 124, 125, 172

Liebe 84, 87, 109, 136
Lohnschere 59, 61, 83

Männlichkeit 75, 76, 77, 78, 84, 99, 101, 103, 111, 112, 113, 133
Medien 17, 49, 64, 65, 66, 75, 113, 145
Medizin 46, 64, 93
Mutterschaft 82, 84, 85, 86, 119, 124, 133, 135, 136, 137

Nationalsozialismus 45
Naturalisierung 38, 172

Objektivität 38, 40
Öffentlichkeit 27, 162

Patriarchat 46, 94, 164, 165
Politik 47, 48, 57, 65, 74, 92, 94, 119, 142

Quote 77, 118, 120, 134, 136, 152, 154, 155, 156, 157, 158

Rassismus 17, 32
Repräsentation 65, 99, 111

Sexualität 90, 113, 164
Sprache 18, 44, 45, 46, 48, 49, 50, 86, 87, 137
Solidarität 11, 18, 69, 91, 172, 175, 176, 178
Stutenbissigkeit 172

Teilzeit 57, 60, 61, 83, 124, 125

Unterdrückung 40, 136
Unternehmer*innentum 157

Weiblichkeit 75, 84, 133
Wissenschaftskritik 38, 40

Zeitverwendung 83
Zweigeschlechtlichkeit (Binarität) 121